我爱灿烂的五千年

了解一方文明从一座博物馆开始

文物没有呼吸
却有不朽的灵魂和生命
穿越千年与我们相逢

一本博物馆
全国博物馆通识系列

湖南博物院

湖南博物院　编著

四川人民出版社

图书在版编目（CIP）数据

湖南博物院 / 湖南博物院编著. -- 成都：四川人民出版社，2024.1（2024.10重印）
（全国博物馆通识系列. 一本博物馆）
ISBN 978-7-220-13437-1

Ⅰ. ①湖… Ⅱ. ①湖… Ⅲ. ①博物馆—概况—湖南 Ⅳ. ① G269.276.4

中国国家版本馆 CIP 数据核字（2023）第 150404 号

HUNAN BOWUYUAN
湖南博物院

湖南博物院 编著

出 版 人	黄立新
选题策划	北京增艳锦添
统筹编辑	蒋科兰　李天果
责任编辑	蒋科兰　张新伟
特约编辑	李天果　温　浩
特约校对	陈　静
责任印制	周　奇
装帧设计	北京增艳锦添　沈璜斌

出版发行	四川人民出版社（成都市锦江区三色路 238 号）
网　　址	http://www.scpph.com
E-mail	scrmcbs@sina.com
新浪微博	@四川人民出版社
微信公众号	四川人民出版社
发行部业务电话	（028）86361653　86361656
防盗版举报电话	（028）86361661

照　　排	北京增艳锦添企业形象策划有限公司
印　　刷	成都市东辰印艺科技有限公司
成品尺寸	155mm×220mm
印　　张	19.5
字　　数	215 千
版　　次	2024 年 1 月第 1 版
印　　次	2024 年 10 月第 3 次印刷
书　　号	ISBN 978-7-220-13437-1
定　　价	99.00 元

■ 版权所有·侵权必究
本书若出现印装质量问题，请与我社发行部联系调换
电话：（028）86361653

《一本博物馆 湖南博物院》
顾问及编写委员会

总 顾 问　　段晓明
主　　编　　金　樊　黄志华（执行）
副 主 编　　曹增艳　张　煦　温　浩
编委成员　　张　琳　张郭宁　李　叶　马金灿　欧　蓉
　　　　　　殷莲莲　席翠翠　岳娜娜　李天果

插画设计　　闫宇璠　赵　静　武雪莹　张雪美　翁玲玲
平面设计　　孙　博　赵海燕
诗文撰稿　　曹增艳　张富遐
设计指导　　刘晓霓　张　琳
学术指导　　喻燕姣　王树金
书　　法　　张其亮

选题策划　　北京增艳锦添企业形象策划有限公司
　　　　　　潍坊增艳企划发展有限公司
资料来源　　湖南博物院

前言

为什么出版"一本博物馆"系列图书？我们曾经反复追问自己，试图把这个问题表述清楚。

你是否有过这样的经历？每到一个地方，因为慕名而来，也因为带着一份好奇和对文化的膜拜，一定要参观一次当地的博物馆。于是，花费一两个小时，走马观花，耳目中塞满了没有任何基础铺垫的知识，看过博物馆只能说出其中几件知名度极高的藏品。绝大多数的观众穿越千山万水，可能一生中仅有一次机会与这些承载几千年历史的古物相见，而这一次起到的作用仅仅是"有助谈资"，对博物馆里真正的宝藏，仅算瞥了一眼。

大家需要"一本博物馆"

博物馆不是普通旅游景点，其中陈列着数以万计的文物，背后藏着丰富的文化内容。如果参观博物馆前不认真准备一番，只是匆匆走过，难免像看了一堆陈旧物品的"文化邮差"。参观博物馆前预习，参观时看到文物才会与它似曾相识；参观博物馆后温习，回味给自己留下深刻印象的内容和文化脉络，如此，才算基本了解一座博物馆。

博物馆里有一锅"文化粥"

如果说，考古是人类文明的"第一现场"，那么，博物馆则是"第二现场"，从发掘转向了收藏和展示。在博物馆中，人类文明被高度浓缩，大众得以与历史直面。

美国盲人作家海伦·凯勒曾在《假如给我三天光明》一书中写道，如果拥有三天光明，她会选择一天去博物馆："这一天，我将向过去和现在的世界匆忙瞥一眼。我想看看人类进步的奇观，那变化无穷的万古千年，这么多的年代，怎么能被压缩成一天呢？当然是通过博物馆。"

博物馆有多种类型：综合的、历史的、自然的、艺术的、科技的、特殊类型的，等等。博物馆里有百科，是一锅熬了千百年、包罗万象并经过系统整理、直观呈现人类文明的"文化粥"。

文物是眼见为实的历史

文物是眼见为实的历史，即使是学者们对此解读有争议，起码也是在实证的基础上进行的。如此，我们便更能了解历史的原貌，这是对历史的尊重。

文物是形象化的记忆

事物容易被记住往往首先是因为它有趣的形式。千言万语不及一张图。有学者推算，我们一般人"记忆中的语言信息量和形象信息量的比率为1∶1000"。文物正是因其有趣的形式、直观的形象，比文字记录更让人印象深刻。

文化是民族的血脉和灵魂

文化是民族的血脉和灵魂。一个国家、一个民族、一个家族、一个人的自信不仅缘于有多少财富、多大权力，还缘于其深厚的文化底蕴。好比我们以自己的家世为荣，有一天，拿着母亲的照片对别人说："这是我母亲年轻的时候，她也曾经风华绝代呢。"

如上缘起，博物馆专家团队与北京增艳锦添，联合出版"一本博物馆"系列丛书，根据每个博物馆展览陈列的线索，尽可能多地选取每个展厅中的文物，将翔实的内容、严谨的知识用通俗的语言表达出来，以有趣的形式呈现。我们的目的只有一个：大家拿着"一本博物馆"，走进一座博物馆，爱上连绵不断的中华五千年文明。

序

　　这里是传承湖湘文化基因的宝库，这里是华夏民族多源头文明的见证，这里是人们了解湖湘文明进程的钥匙，这里是领略湖湘文化奥秘的重要窗口。

　　2017年11月29日，湖南博物院新馆建成开放，硬件设备更新迭代，文物文化传播方式也随之更新升级：从单一"参观"到多元"体验"，从大众"教育"到个性"服务"，从文化"展示"到文旅"消费"，充分体现了以"物"和"人"为中心的理念。2017年以来，湖南博物院以新馆开放为新起点、新征程，以习近平总书记对文物工作重要指示为基本遵循，全力推动文博事业高质量发展，到2022年为止累计接待国内外观众超1000万人次，成为中国最具影响力的博物馆之一。

　　湖南博物院新馆根据本院的宗旨、使命、定位，从内容与艺术设计的高度统一入手，守正创新，结合定位量身定制博物馆的高品质展陈体系。全力打造了以基本陈列、专题陈列、临时特展为核心的展陈体系，新馆开放以来举办、参与各类展览100余场，每一次特展都成为本地影响深远的公共文化事件，成为超越展览本身的"文化盛宴"，为弘扬中华优秀传统文化发挥了重要作用。其中，"湖南人——三湘历史文化陈列"和"长沙马王堆汉墓陈列"两大基本陈列获评第十六届（2018年度）全国博物馆十大陈列展览精品推介精品奖第一名。

　　"湖南人——三湘历史文化陈列"专注展示湖南区域

文明的发展进程。从人类生活的环境说起，到人群的由来、获取生活资料的方式、生活品质的提升，还原文物与历史、艺术之间的本来关系，进而提炼出几千年来湖南人凝结的精神内核。比如道县玉蟾岩遗址中发现的世界最早的栽培水稻实物和陶器，让我们看到稻陶之源的湖南在一万多年前就开始种植水稻；澧（lǐ）县城头山、鸡叫城等古城遗址的发现，让我们看到东方农业文明的缩影；青铜精品"人面纹铜方鼎"，鼎内壁刻有"大禾"二字，"禾"字形似稻穗，寓意谷物丰收，器身四周以四个浅浮雕人面为主要装饰，在青铜艺术的宝库中，展示着绝无仅有的风采。

"长沙马王堆汉墓陈列"以考古发现为背景，以讲故事的叙事手法，描绘了两千多年前西汉长沙国丞相之家的生活画卷。光亮如新的漆器，反映了汉代髹（xiū）漆业的辉煌成就；织精绣美的丝织衣物，力证了西方文献中"丝国"（Seres）的真实存在；"百科全书"式的简帛文献，传承了先哲们的学识与智慧；诡谲奇幻的彩棺帛画，折射了汉代先民追求永生的渴望；宛如梦中的千年遗容，创造了人类防腐技术的奇迹。

本书以"湖南人——三湘历史文化陈列"和"长沙马王堆汉墓陈列"为主线，精选200余件重点文物，用图文并茂的形式、生动活泼的语言，讲述文物背后的故事。我们希望通过这本书，让曾经来过湖南博物院的您，进一步加深对我们的印象；让还没来过湖南博物院的您，了解我们，读懂我们，继而走进我们，爱上我们。

湖南博物院院长
2023年4月20日

目录

了解湖南博物院 / 001
湖南博物院导视图 / 002
湖南博物院简介 / 004

湖南人——三湘历史文化陈列
湖南人——三湘历史文化陈列展厅
平面示意图 /010

第一部分　家园
第一单元　生态变迁
三叶虫化石 /014
菊石化石 /015
鳞木化石 /015
鸭嘴龙肩胛骨化石 /016
中国犀化石 /016
熊猫牙齿化石 /017

第二单元　历史沿革
"长沙王印"金印 /018
"湖南省人民政府印"铜印 /019

第二部分　我从哪里来

第一单元　先祖
石球 / 砍砸器 / 尖状器 /021
现代智人牙齿化石 /022
"石门人"牙齿 / 下颌骨化石 /023

第二单元　早期族群
越人形柄铜匕首 /025
人物纹靴形铜钺 /026
牛角形耳云纹铜鼎 /027
虎钮錞于 /028

第三单元　商人南下
凤鸟纹"戈"提梁铜卣 /030
兽面纹"癸举"提梁卣 /031

第四单元　楚人入湘
蹄足蟠虺纹铜鼎 / 蟠虺纹铜簠 /033
双色铜剑 /034
"楚公豪"铜戈 /035

第五单元　北人南迁
"上郡武"铜矛 /037
里耶秦简 /038
青釉模印贴花人物纹壶 /039

第六单元　江西填湖广
民国湘潭《中湘宾氏五修族谱》/040
雕花梳妆台 /041

第七单元　民族大家庭
虎钮人像铜錞于 /043
蛇钮"蛮夷侯印"金印 /044
少数民族风俗画 /045
打花铺盖 /046

002　湖南博物院

八宝铜铃 /047
苗族银披肩 /048
扁形凸花银项圈 /049
长鼓 /050
《结下好情谊》扇面 /051

第三部分 洞庭鱼米乡
第一单元 稻之源
古栽培稻标本 /053
陶釜 /054
印纹白陶盘 /055
鹰嘴乳突陶罐 /055

第二单元 稻之兴
绿釉陶厕猪圈 /057
"万石仓"滑石仓 /058
陶粮囤 /059

第三单元 天下粮仓
坦山岩劝农碑 /060
"正泰码头"碑 /061

第四部分 生活的足迹
第一单元 青铜时代的南方礼乐
四马方座铜簋 /064
人面纹铜方鼎 /065
牺首兽面纹圆尊 /066
豕形铜尊 /067
象形铜尊 /068
兽面纹铜瓿 /069

"皿而全"铜方罍 /070
鸮形铜卣 /072
兽面纹铜壶 /073
龙首錾铜盉 /074
牛形铜觥 /075
兽面纹铜觚 /076
兽面纹铜爵 /076
兽面纹铜斝 /077
立象兽面纹铜铙 /078
乳丁纹铜钟 /079
虎饰铜镈 /080
豕形铜磬 /081

第二单元 湘楚风情

龙纹铜鼎 /083
勾连云纹铜豆 /084
动物纹提梁铜卣 /085
蟠螭纹铜鉴 /086
蟠螭纹铜浴缶 /087
狩猎纹漆樽 /088
褐地"女五氏"矩纹锦 /089
对龙对凤纹锦 /089
错金嵌绿松石铜带钩 /090
镂空双龙首纹玉璜 /091
龙形玉环 /092
玻璃珠／玻璃管 /093
五山纹铜镜 /094
人物跽坐铜灯 /095
人物龙凤帛画 /096
人物御龙帛画 /097
木雕镇墓兽 /099

第三单元 大一统下的小农家居

陶楼 /101
胡人形铜吊灯 /102
"刺庙"牛形铜灯 /102

004 湖南博物院

铜博山炉 /103
绿釉陶灶 /104
铜灶（附甑）/105
"见日之光"铜镜 /106
鎏金博局纹铜镜 /106
蟠螭纹鸡心玉佩 /107
镂空花金珠金手链 /107
滑石厨房 /108
滑石双鱼盘 /108

第四单元　多元文化交融的社会风尚

青瓷槅 /110
素胎灶 /111
瓜棱形穿带青釉盖罐 /112
青瓷龙首盉 /113
"竹林七贤"瓷罐 /114
青釉褐彩"春水春池满"诗文瓷执壶 /115
青釉绿彩塔纹瓷壶 /115
青瓷莲瓣纹盘口瓶 /116
印花青釉茶碾 /117
青釉褐绿彩飞鸟瓷执壶 /118
镂空瓷香炉 /119
青瓷莲花烛台 /120
青釉褐彩狮座"日红衫子合罗裙"诗文瓷枕 /121
褐釉瓷鸟 / 褐釉瓷猪 / 青釉褐彩瓷狗 /122
舞蹈人物青铜俑 /123
"张"字款白釉绿彩粉盒 /124
宝相花铜镜 /125
青瓷对书俑 /126
贴花玻璃杯 /127
胡人架鹰素胎俑 /128

目录　005

青釉褐斑贴花椰枣纹瓷壶 /129
褐绿彩水草纹碗 /129
玉樽 /130
青瓷骑马俑 /131
青瓷对乐俑 /132
青瓷奏乐俑 /133

第五单元　重心南移后的品质生活

"喫（吃）茶去"瓷碗 /135
青花"蒙恬将军"玉壶春瓷瓶 /136
双龙纹银托盏 /137
青花双鱼纹大瓷盘 /138
童子荷莲纹夹衣残片 /139
男式棉长衫 /140
绣花荷包 /141
山形纹绸夹衣 /142

第六单元　从宗族社会到近代化

唐家老屋 /144
粤汉铁路总工会会员证 /145

第五部分　湘魂

浏阳文靖书院祭器 /147
祝允明草书《岳阳楼记》/148
编钟 /150
龙纹编磬 /151
王夫之《宋论三篇》手稿 /152
"御赐绥疆赐祜"双狮钮水晶印 /
"御赐印心石屋"狮钮水晶印 /153
《海国图志》书影 /154
行书横幅"刚正翔实" /155
行书扇面 /156
"崩霆"七弦琴 /159

长沙马王堆汉墓陈列

长沙马王堆汉墓陈列展厅示意图 /162

第一单元 惊世发掘

壹　一号墓

贰　二号墓
偶人 /169
铁夯锤 /169

叁　三号墓
木柄铁刃锸 /170
纪年木牍 /171

肆　墓主
"利苍"玉印 /175
"长沙丞相"铜印 /176
"轪侯之印"铜印 /177
"妾辛追"印 /178
木杖 /179
小竹扇 /180
封泥 /181
龙纹漆几 /181
帛画《车马仪仗图》/182
兵器架 /184
锥画漆弩机 /185
角质剑 / 角质长剑 /186
箭镞 / 矢箙 /188

目录　007

第二单元 生活与艺术

壹 千金之家

陶"半两"钱 /191

竹笥 /191

"冠人"男俑 /192

雕衣女侍俑 /192

彩绘木俑 /193

云龙纹漆屏风 /194

竹熏罩 / 彩绘陶熏炉 /195

歌舞俑 /196

奏乐俑 /197

木筑 /198

七弦琴 /199

竽 /200

竽律管 /201

二十五弦瑟 /202

竹笛 /203

博具 /203

贰 君幸食

锡涂陶瓿 /204

豆豉姜酱 /205

遣册上的菜谱 /206

云纹漆匜 / 云纹漆水盂 /207

"轪侯家"云龙纹大漆盘 /208

云纹漆鼎 / 云纹漆匕 /209

云纹漆食奁 /210

"君幸食"狸猫纹漆食盘 /211

云鸟纹漆钫 /212

云纹漆锺 /212

龙纹漆竹勺 /213

云纹漆案上的食具 /214

"君幸酒"漆卮 /215

"君幸食"漆盘 /216

"君幸食"漆耳杯 /216

云纹漆具杯盒 /217

008　湖南博物院

叁 衣被锦绣

双层六子锥画漆妆奁 /218
双层九子彩绘漆妆奁 /219
锥画狩猎纹漆妆奁 /220
双层长方形油彩漆奁 /221
五子彩绘漆妆奁 /222
五子彩绘漆妆奁内梳妆用具 /223
金银色火焰纹印花纱 /224
印花敷彩纱 /225
朱红菱形纹罗 /226
对鸟菱形纹绮 /227

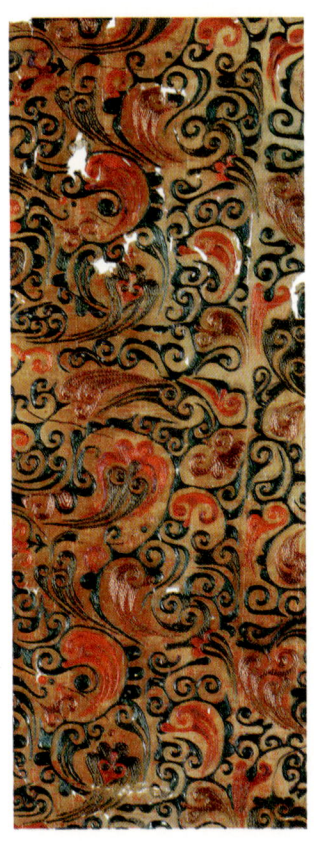

隐花水波孔雀纹锦 /228
绒圈锦 /229
对鸟菱形纹绮地"乘云绣" /230
绢地"长寿绣" /231
菱形纹罗地"信期绣" /232
灰色苎麻布 /233
素纱单衣 /234
印花敷彩纱丝绵袍 /236
朱红菱形纹罗丝绵袍 /237
信期绣"千金"绦手套 /238
绢袜 /238
丝履 /239
"长寿绣"药枕 /240
"信期绣"香囊 /241

第三单元　简帛典藏

漆书奁 /243

壹　天文地理
帛书《天文气象杂占》（局部）/244
帛书《五星占》/246
《驻军图》/248
《长沙国南部地形图》/249

贰　医学养生
帛书《足臂十一脉灸经》（局部）/250
帛书《脉法》/251
帛书《五十二病方》（局部）/252
帛书《养生方》（局部）/253
帛书《胎产书》/254
医简《十问》（局部）/255
医简《杂禁方》/255
《导引图》/256

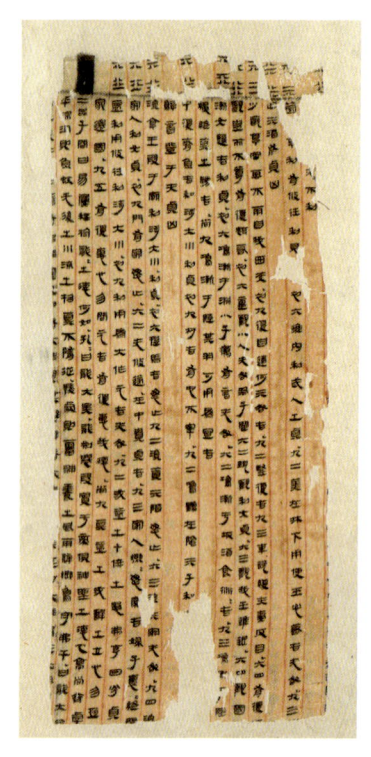

叁　历史哲学
帛书《战国纵横家书》（局部）/258
帛书《周易·六十四卦》（局部）/259
帛书《春秋事语》（局部）/260
帛书《老子》甲本（局部）/260

肆　阴阳五行
《"太一祝"图》/262
帛书《相马经》（局部）/264

010　湖南博物院

第四单元 永生之梦

壹 T形帛画
辛追墓 T 形帛画 /269
利豨墓 T 形帛画 /271

贰 井椁
木椁 /272

叁 四重套棺
黑漆素棺 /274
黑地彩绘漆棺 /275
朱地彩绘漆棺 /276
锦饰漆棺 /277
羽毛贴花绢 /278
树纹铺绒绣 /278

肆 肉身不朽
鱼尾纹组带 /280

生字词注音释义 /282

HUNAN MUSEUM
湖 南 博 物 院

了解湖南博物院

筹建时间：1951年
地理位置：湖南省长沙市开福区东风路50号
建筑面积： 9.1万平方米
常设展览：湖南人——三湘历史文化陈列、长沙马王堆汉墓陈列
藏品数量：52万余件（套）（截至2022年底）
藏品特色：马王堆汉墓出土文物、商周青铜器、楚文物、历代陶瓷、
　　　　　书画、近现代文物等

湖南博物院
导视图

 公共区域    展览区域

1 博物院大厅

- ⓪ 博物院大厅
- ① 特展一厅
- ② 特展二厅
- ③ 马王堆展厅
- ④ 学术报告厅
- ⑤ 博物院书店
- ⑥ 博物院商店

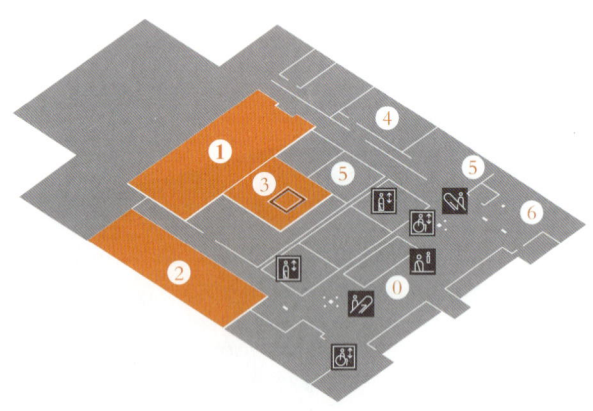

2 湖南人

- ① 湖南人——三湘历史文化陈列
- ② 教育通道

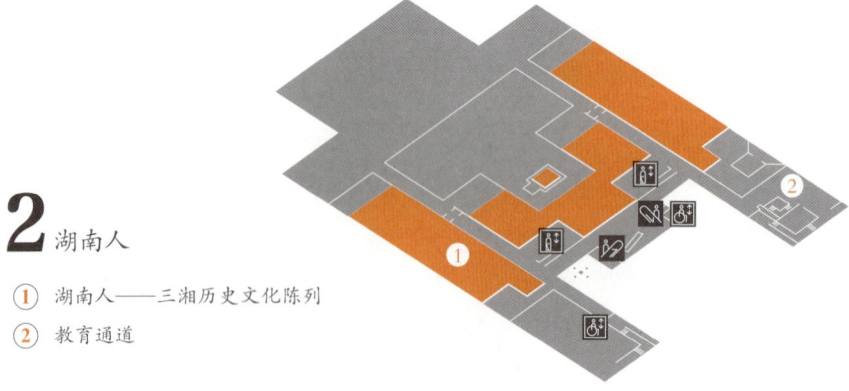

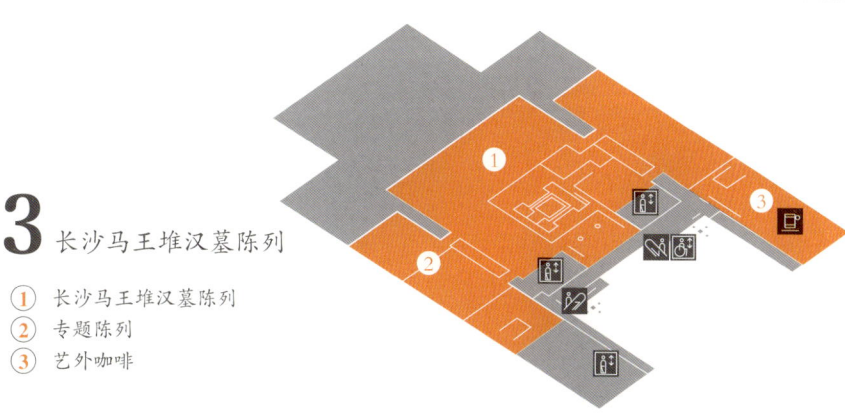

3 长沙马王堆汉墓陈列

① 长沙马王堆汉墓陈列
② 专题陈列
③ 艺外咖啡

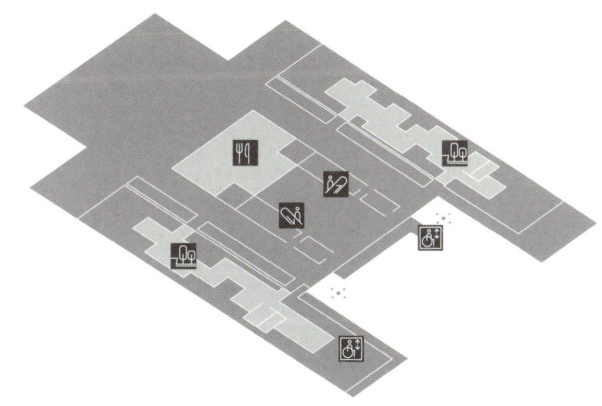

4 观众餐厅
屋顶花园

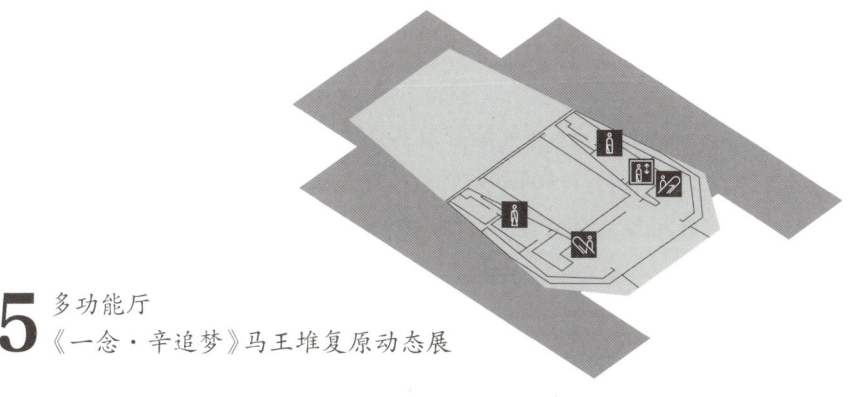

5 多功能厅
《一念·辛追梦》马王堆复原动态展

了解湖南博物院　003

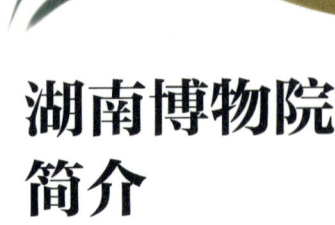

湖南博物院
简介

历史沿革

　　湖南博物院是湖南省最大的综合性历史艺术博物馆。

　　1951年，湖南省博物馆（湖南博物院原名）筹备处在长沙留芳岭的百琴园挂牌成立。

　　1956年正式开放。

　　1972年至1974年马王堆汉墓三座墓葬的发掘，是20世纪中国乃至世界的重大考古事件之一，对湖南省博物馆的发展具有特别重要的意义。数千件精美的文物和保存完好的汉代女尸的发现与出土，使湖南省博物馆成为世界关注的焦点，并得到政府空前的重视和社会广泛的支持与关注，湖南省博物馆的藏品与展览档次也因此得到极大的提升。

　　1999年，由国家和省财政共同投入1.2亿元新建的新陈列大楼竣工，新陈列大楼的建设是世纪之交湖南省博物馆发展的新起点，推动了各项工作的全面开展。

　　2008年，作为公益性文化机构，湖南省博物馆正式免费开放。

　　2012年6月18日，湖南省博物馆因实施就地改扩建工程，暂停对外开放服务。

　　2017年11月29日，历时五年，湖南省博物馆新馆正式对外开放，以全新姿态回到公众的视野当中。

　　2022年7月30日，湖南省博物馆正式对外宣布更名为湖南博物院。

概　况

湖南博物院（原湖南省博物馆）位于历史名城长沙，与风景秀丽的烈士公园毗邻，是中国首批国家一级博物馆、中央地方共建的八个国家级重点博物馆之一、湖南省最大的综合性历史艺术类博物馆。现已成为中国最具影响力的博物馆之一，并跻身国际先进博物馆行列。

该院总面积110556.3平方米（其中本院陈列大楼91252平方米，南院10408平方米，在建博物院汨罗基地8896.3平方米）；现有院藏文物52万余件，尤以马王堆汉墓出土文物、商周青铜器、楚文物、历代陶瓷、书画和近现代文物等最具特色。

2017年竣工的新馆建筑，以"鼎盛洞庭"为创意源泉，稳重简练、寓意深远。鼎是国之重器，洞庭湖流域是孕育湖湘文明的中心，标志性的金属大屋顶寓意着洞庭之水凝固成鼎的形象，昭示着地方和国家的繁荣昌盛。湖湘人文、中国传统与现代文明在传承中弘扬，于交融中生辉，湖南省博物馆在凸显中华文明和湖湘文化博大内涵的同时，把这座建筑打造成了湖南最具文化深意的地标之一。

主要藏品及突出特点

　　湖南博物院荟萃了湖湘大地的文物遗珍，尤以马王堆汉墓出土文物、商周青铜器、楚文物、历代陶瓷、书画和近现代文物等最具特色。2020年底与原湖南省文物交流鉴定中心合并以来，湖南博物院启动了文物整理与清库建档工作。截至2022年底，已整理藏品约52万余件（套）。

　　湖南博物院的藏品，得益于这块土地上丰富的古代遗存，以高大的青铜尊、厚重的青铜乐器，栩栩如生的圆雕青铜器为代表的青铜器，以帛画、帛书、漆器、丝织品等为代表的马王堆汉墓出土文物和楚汉文物精品，以岳州窑、长沙窑为代表的瓷器，以谭嗣同、黄兴为代表的时代英豪的遗宝遗物以及以何绍基、齐白石为翘楚的书画名家的艺术珍品等，都是本院藏品的典范。近年来，为丰富本馆的特色收藏，湖南博物院积极联络鼓励个人、机构、企业等社会力量无私捐赠。2014年，流失海外近百年的

湖南人——三湘历史文化陈列

　　本陈列从"湖南人"第一人称的视角来展示湖南的历史与文化，共分五部分向观众解读湖南人生活的自然环境与发展轮廓（kuò），即：家园、我从哪里来、洞庭鱼米乡、生活的足迹和湘魂。五部分层层递进，彼此融为一体，十分自然地做到展览要"见人见物见精神"的目的。

商代皿方罍（léi）器身由湖南公私企业洽购回国并共同捐赠，由湖南博物院永久收藏，开创了以洽购方式实现文物回归的新模式，具有重要的示范意义。近年来，陆续有邹传安、颜家龙、陈松长等当代艺术家将其作品和书籍资料无偿捐赠给湖南博物院。这些捐赠行为使得当代博物馆更好地融入当下社会，体现了湖南博物院共建共有共享的办馆理念。

长沙马王堆汉墓陈列

长沙马王堆汉墓共出土了3000多件珍贵文物，是20世纪世界最重大的考古发现之一。展厅分为序厅及惊世发掘、生活与艺术、简帛典藏、永生之梦四个单元。保存完好的墓葬结构及丰富的随葬品，是汉代生活方式、丧葬观念的完整呈现，折射出汉初人们对生命的珍惜以及多维宇宙观，从横切面展示当时中国高度的物质文明和精神文明，以及在世界文明史上的科技成就及重大贡献。

了解湖南博物院　007

湖南人——三湘历史文化陈列

　　湖南，地处中南腹地，三湘四水，物华天宝，自古就有"湖广熟、天下足"的美誉；这里人杰地灵、英雄辈出，不负"惟楚有才，于斯为盛"的盛名。

　　50万年前，湖南便已有古人类活动，此后，先民们在此繁衍生息，凭借着勤劳与智慧，协耕互助，将家园逐渐经营成"天下粮仓"。

　　从祭祀神灵的商周青铜礼乐，到彰显生活品质的楚汉漆器，从饭稻羹鱼，到食尚香辣；从深受大众喜爱的唐长沙窑，到耕读传家的明清宗族村，无一不是湖南风俗信仰与生活方式的凝结。

几千年来，历经爱国忧民思想的濡化、中原文化的浸润、书院教育的传承、近代思潮的激荡，湖南培育出了一代代爱国忧民、敢为天下先的仁人志士。

湖南博物院谨以此展览，尝试解读湖南人在这片土地上与自然的和谐互动，提炼湖南人几千年凝结出的不朽精神。

湖南人——三湘历史文化陈列
展厅平面示意图

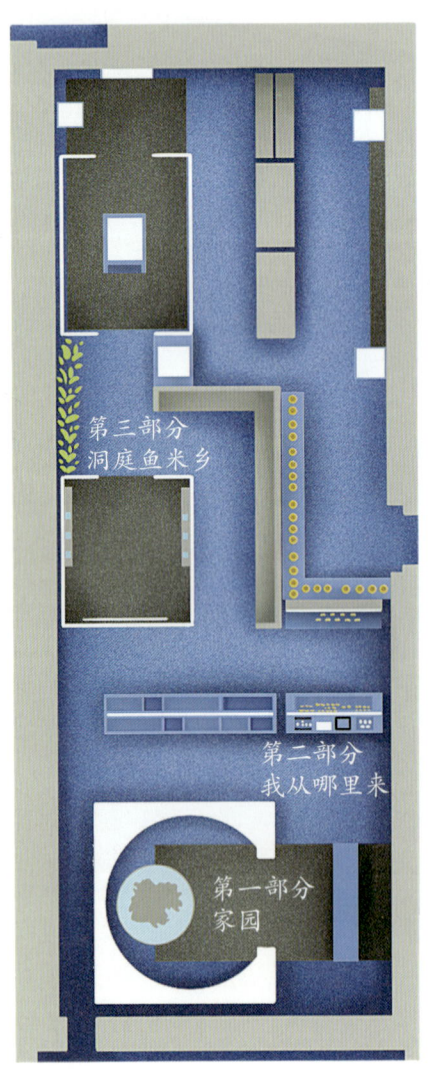

第一部分

家 园

　　"湖南"因地处洞庭湖之南而得名。又因湘江由南而北纵贯全境，简称为"湘"。它北接湖北、东接江西，南与广西、广东为邻，西和贵州、重庆接壤，三面环山，气候温暖湿润，资源丰富。

第一单元
生态变迁

约2.3亿年前,湖南地区海水基本退去,露出陆地。因地壳运动,约4000万年前形成了马蹄形盆地、山地、丘陵、平原、沼泽、湖泊等多种地形。加上地处亚热带季风气候区,温暖多雨,为动植物的多样性提供了适宜的生存环境。随着人类对耕地的不断开发,植被面积急速下降,大批珍稀动物被迫迁徙。

湖南地形地貌沙盘模型临摹图

沧海桑田石纪念

三叶虫化石

寒武纪—二叠纪（距今 5.6 亿—2.4 亿年）

长 7.3cm　宽 7cm

征集

　　6亿年前的寒武纪，湖南大部分区域仍是海洋。在海面之下，生存着一种非常原始的生物——三叶虫。从上图所示化石上我们可以看到它已经有了头、胸、尾等结构，坚硬的背甲纵向分成三部分，这也是它名字的由来。它在地球上生存了3.2亿多年，大约在2.4亿年前的二叠纪灭绝。在漫长的时间长河中，它繁衍出了上万个种类。因此，三叶虫成了划分地质时代的主要依据，反映着湖南地质沧海桑田的变化。

菊石化石

泥盆纪—白垩（è）纪

（距今4亿—0.65亿年）

长15cm　宽10cm　厚5cm

湖南邵阳新邵县周家湾产

菊石属于恐龙时代常见海生无脊椎动物，它与现在仍然存活在深海中的鹦鹉螺的形状相似，因表面通常具有类似菊花的线纹而得名。菊石最早出现于4亿年前，曾经广泛地分布在世界各地的海洋中。遗憾的是，在6500万年前，它们也同恐龙一起灭绝了。

鳞木化石

石炭纪

（距今约3.6亿—2.86亿年）

长15cm　宽12cm　厚5cm

湖南株洲攸县桃水产

3.6亿年前的湖南，陆地开始露出海面，古蕨类植物在此时逐渐繁盛。它们靠孢子繁衍，有草本和木本两类。鳞木属于木本蕨类，有的甚至可以长到数十米。在3.55亿至2.5亿年间的石炭纪至二叠纪是地球的成煤期。在成煤期时，它们不但为素食动物提供了口粮，还为煤的形成提供了原始物料。

动物乐园生剧变

鸭嘴龙肩胛骨化石

白垩纪（距今1.35亿—0.65亿年）

长33cm 宽31cm 厚11cm

2008年湖南株洲市天元区出土

　　湖南发现了20余处恐龙、恐龙蛋化石，品种涉及芙蓉龙、甲龙、鸭嘴龙、霸王龙等，是湖南地区生态演变的直接见证。据考证，这些恐龙化石大多属于中生代的白垩纪。随着地球上的海陆分布和生物界急剧变化，恐龙由鼎盛走向灭绝，其他新生的动植物种类纷纷出现。

中国犀化石

更新世（距今约258万—1万年）

长33cm 宽12cm 厚8.5cm

　　中国犀化石在南方出土较多，犀牛是南部著名的"剑齿象—大熊猫—中国犀动物群"的重要成员，在上新世晚期灭绝。

熊猫牙齿化石

更新世（距今约258万—1万年）
2011—2013年湖南永州道县福岩洞遗址出土

  到了距今258万至1万年前的更新世时期，湖南地区一直较为温暖，给动植物与早期人类的生存与进化带来了得天独厚的自然环境。在这里，已发现的哺乳动物化石达60余种，包括大熊猫、华南巨貘和梅花鹿等。小型大熊猫始出现于更新世早期，中晚期发展到全盛，几乎遍布中国东部和南部。当时的大熊猫与剑齿象、古人类一起生活，是湖南自然生态演变的见证。

第二单元
历史沿革

　　湖南历史伴随其行政区域的演变而发展。西周时为蛮夷之地，春秋战国时期纳入楚国版图，并置有苍梧郡和洞庭郡。秦统一全国后，湖南继续设置苍梧、洞庭二郡。西汉时置有长沙国和武陵郡、桂阳郡、零陵郡。东汉时置长沙郡、武陵郡、桂阳郡、零陵郡。魏晋南北朝时，经过多次州、郡变动。唐广德二年（764），设湖南观察使，"湖南"之名自此始。五代马殷在湖南建立楚国，湖南行政区域基本定型。宋朝设置"湖南路"。元、明时隶属湖广行省。清康熙六年（1667），置湖南布政使司，始称"湖南省"。1949年8月5日，湖南和平解放。

金石镂刻官府印

"长沙王印"金印

西汉
边长1.65cm
宽1.6cm
高1.65cm
2008年湖南长沙岳麓区谷山长沙王陵7号墓出土

　　玺印是古代社会官府或私人的凭信，特别是官印。"长沙王印"是湖南行政机构设置与变迁的直接物证。长沙国自公元

前202年汉高祖刘邦始设至公元7年废除，存在了200多年，先后分为吴氏长沙国和刘氏长沙国两个时期。"长沙王印"金印为龟钮，印面阴刻篆文。钮与身之间一圆穿用来系穿绶带。这枚金印是某代刘氏长沙王的官印，为汉代长沙国设置的珍贵物证。

当家做主铸阳文

"湖南省人民政府印"铜印

1949年

高12cm　印面边长7cm

  这枚黄铜方印，印文"湖南省人民政府印"八字为模铸老宋体直行两排阳文。1950年至1955年期间使用。印文四周及四周边框光亮而略显磨损，这是长时间使用形成的。此印是新中国成立后，湖南省人民政府使用的第一枚铜印，为中央人民政府统一监制，是中国共产党领导的新民主主义革命胜利、人民当家作主的权利象征，具有极为重要的陈列展示和研究价值。

湖南人　019

第二部分

我从哪里来

  湖南是中华文明的重要发祥地。至少在50万年前,湖南先民便在此繁衍生息。进入文明时期后,原住居民与不同时期迁入的外来移民相互融合,逐渐形成当今汉族的主体;湘西、湘南等山区的居民,由于特殊的地理环境和羁縻(jī mí)、土司制的治理方式,保留了自己的语言,并形成独特的风俗习惯。各族人民在这里和谐共处,组成了今天的民族大家庭。

第一单元
先 祖

　　距今约50万年的津市虎爪山遗址，留存了湖南最早的人类活动遗迹；湖南省永州市道县福岩洞距今12万～8万年世界最早的现代智人牙齿化石、燕儿洞距今1.6万年前的"石门人"骨骼与牙齿化石，以及众多的旧新石器时代遗址分布情况表明，环洞庭湖区域以及湘水、沅水流域，是湖南先民的主要活动地区。

石球　　　　砍砸器　　　　　尖状器

石球／砍砸（zhuó）器／尖状器
旧石器时代（距今约50万年）
1988年湖南津市虎爪山遗址出土

五十万年湖南人

　　虎爪山遗址距今约50万年，是目前湖南省境内发现的一处时代最早的旧石器时代遗址，与我们熟悉的距今70万—20万年的"北京人"基本属于同时代。

　　当时这里的人们以采集、狩猎为生，并借助一些粗糙的打制石器作为生活工具。例如这些石片和刮削器可以用来剥取野兽皮毛或切砍肉食，石球可以砸取坚果、投击猎物，尖状器可以用于挖掘地下植物，等等。

湖南人　021

最早智人数湖湘

现代智人牙齿化石

旧石器时代（距今12万—8万年）
2011—2013年湖南永州道县福岩洞遗址出土

　　道县福岩洞遗址共出土了47枚人类牙齿，还有貘、大熊猫、剑齿象等哺乳动物，以及叶猴、猕猴和长臂猿等灵长类动物化石。据检测人类牙齿化石距今12万—8万年，呈现出典型的现代智人特征，属于世界最早的具有完全现代形态的人类化石，比目前已发现的具有相同现代人特征的欧洲现代人还要早3万到7万年。人类牙齿形态在演化过程中存在规律性的变化，不同族群的牙齿呈现出不同的特征。时代越早，牙齿尺寸越大。早期人类牙齿比较粗壮，表面有复杂的形态特征。现代人牙齿形态越来越简单。

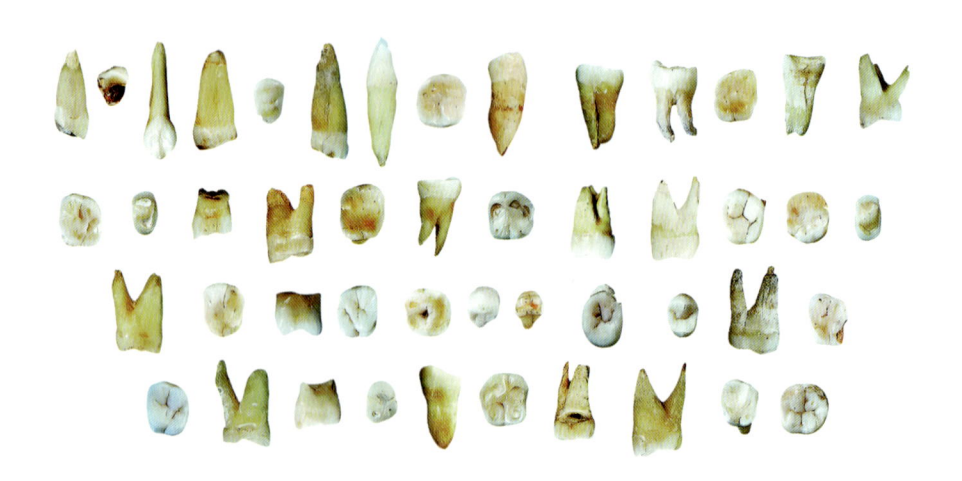

"石门人"牙齿／下颌骨化石

旧石器时代（距今约1.6万年）
1982年湖南常德石门县燕儿洞遗址出土

　　人类从猿人逐步进化为现代人的时代被称为石器时代，这一时期的湖南原始人类是什么样的呢？道县福岩洞发现的古人类牙齿是目前所知世界最早的现代人证据。石门古人类属于晚期智人，他们过着狩猎、采集的生活，而且已经会用挖陷阱等方法诱捕犀牛、东方剑齿象等大型动物。石门燕儿洞的动物骨头化石上具有的火烧痕迹，表明"石门人"已会用火。

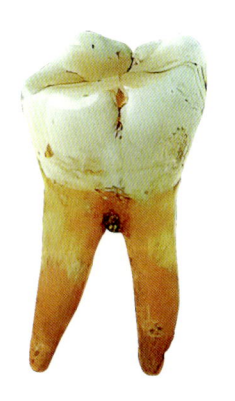

先祖烟火现石门

"石门人"牙齿　　　　　　　　下颌骨

湖南人　023

第二单元
早期族群

商周时期,湖南地区还未归入中原王朝的管辖范围,古越人、濮(pú)人和巴人等在这里分散居住。他们以天然的山水为屏障,分隔着部落的区域。

越人,是商周时期广泛分布于江南地区的古老族群,泛称"百越",湘东北、中部和南部是其重要活动区域。

濮,或作"卜",发源于涪(fú)水流域,被称为"百濮"。湘西北的澧(lǐ)水、沅水中下游地区,是商周时期濮人主要活动区域。

巴人崇尚白虎,以"勇锐"著称。巴人起源于巴蜀地区,商周时期部分进入湖南,主要活动范围在湘西武陵山区,后来,巴人与湘西其他族群相互融合,演变为今湘西土家族的主体。

古越长辫俏短裙

越人形柄铜匕首

战国

长20cm　援宽3.5cm　人高8.6cm

1974年湖南长沙树木岭出土

　　湘地出土的古越人的器物较多，例如这件匕首，它的握柄造型在中原很少见，人物面部的描绘也不像中原人的特征。柄为立体人形，圆眼高鼻梁，绾圆饼发髻，长辫垂及肩，两耳佩有粗大的耳坠，上身着短袖衣，袒胸露乳，腰系短裙，裙上有尖角形、条形花纹，赤足。

湖南人　025

栩栩如生古越人

人物纹靴形铜钺（yuè）

战国
长9.2cm 宽11.9cm
20世纪60年代湖南衡阳霞流出土

　　钺为兵器。此钺的形状与图案，与商周以来铜器讲究对称的风格不同，表现出自然奔放的情趣，从人物的动作及赤脚等来看，也具有南方的特点，应是越族的遗物。器作靴形，刃部平直，靴尖上翘。銎（qióng）为椭圆形，銎侧有一环钮。正面一绳索圈内铸一人，两臂屈上举，两腿叉开，赤脚，手指和脚趾分开，腰间佩剑。靴形铜钺制作规整，纹饰雕刻精美，特别是背面的一组人物图案，共有6人，从左到右逐渐缩小，有的佩刀剑，有的持钺，有的坐地举手，有的做奔跑状。该文物是古越族青铜工艺中具有代表性的作品，也是研究古代南方地区民族习俗的重要资料。

牛角形耳云纹铜鼎

春秋
高22.8cm　口径19.8cm
1982年湖南湘乡何家湾出土

　　此鼎出土于湘乡，同时出土的有一组楚人常见的青铜礼器，而此鼎又与楚式铜鼎形制不同，考古学界认为是古代越人的铜鼎。越人的青铜礼器虽然不像中原地区的一样有严格的礼器制度，但从考古发现的情况看，鼎也是非常重要的器物。它的盖是平盖，耳作牛角形，足外撇，盖与耳接触处凹进，正好嵌合，显示出古越人高超的铸造技术。此类鼎耳目前以湘乡发现较多，宁乡也有出土。目前所见平盖的鼎不多，这或许是湘江流域制鼎的一种特色形制。

平盖牛角越式鼎

巴人尚武爱猛虎

虎钮錞（chún）于

战国

高38cm 宽27.7cm

1958年湖南株洲征集

虎钮錞于是古代巴人广泛使用的古老打击乐器，主要用于祭祀、宴乐、节日和战争。钮为虎形，张口露齿，造型栩栩如生。此器铸造精良，花纹独特，是春秋至汉代流行的錞于乐器中的珍品，盘上精致的虎钮及腰上的虎纹，对研究先秦湖南的地方文化具有重要的参考价值。

第三单元
商人南下

据文献记载或考古资料显示,商人并非一直固定于某个区域,而是因为地理和气候的原因处于不断的迁徙之中。在距今4000年至3500年期间,全球气温有过明显下降,这一降温时期对当时人类的活动产生了重大影响。商人生活的时代正处于此次气候发生变异的时期,其活动地域的南迁与气候变化紧密相关。

大约在商代早期,就有中原人越过长江,到达湖南常德的石门皂市。商代晚期,殷人的一些支系和氏族因战乱纷纷离开南土重镇——湖北盘龙城,进入湘水和资水中下游。南迁移民带来了先进的青铜铸造技术,开启了湖南的青铜文明。

殷人避乱携重器

盖内"戈"铭文

凤鸟纹"戈"提梁铜卣（yǒu）

商代
高37.7cm　口径13.2～15.4cm
1970年湖南宁乡黄材镇寨子村王家坟山出土

　　商代晚期，部分善于铸造的殷人氏族及其支系因战乱纷纷南迁，为湖南带来了先进的青铜铸造技术。

　　这件卣的器盖和器内底部就刻有"戈"字，"戈"在夏商时期是中原地区的一个旺族，器物上的"戈"字是他们的族徽。"戈"族是夏商时期的中原望族，直至春秋时期的铜器，仍可见其族徽铭文。湖南境内出土多件"戈"族铭文铜器，为"戈"族等商人进入湖南的物证。这件铜卣在湖南地区出现，说明部分中原的"戈"人至少在商代晚期就已经来到了这里。此外，这件卣的器形以及其身上装饰的凤鸟纹都与中原同类型的器物相似，也印证了它可能是商人带来的器物。这件卣在出土时腹内还装有320余件玉器，如此贵重的铜器和大量玉器放在一起，应是作为财富窖藏的。

中原望族入三湘

兽面纹"癸󰀀"提梁卣（yǒu）

商代
高25.9cm　口径12.5～15cm
1963年湖南宁乡黄材镇寨子村炭河里遗址出土

器内"癸󰀀（冉）"铭文

　　这件提梁卣的器盖和器身上有四道扉棱，器盖和腹部都装饰有兽面纹，极具中原特色。它的盖内和底内还刻有"癸󰀀（冉）"二字。"冉"是中原的一个大族，其族徽"冉"多见于商周铜器。这件铜器在湖南宁乡出土也说明了商晚期的商人南迁。值得注意的是，这件卣出土时装有1172枚珍贵的玉管，长的能达到10多厘米，短的也有1厘米左右，也应属于财富窖藏。

湖南人　031

第四单元
楚人入湘

楚人是何时开始进入湖南的？目前，考古界有不同说法。考古人员对发掘文物的研究显示：一说春秋中期楚人已经越过了洞庭湖，春秋晚期进入湘中地区；一说春秋晚期楚人进入澧（lǐ）水流域和沅水下游，进入长沙则在战国早期偏晚。无论楚人何时入湘，不可争辩的事实是楚人入湘后与世居族群相互融合，逐步孕育出独特的湖南区域文化。

蹄足蟠虺（pán huǐ）纹铜鼎／蟠虺纹铜簠（fǔ）

春秋
鼎，高25cm　口径25cm
簠，高19.5cm　盖口22～29cm
1993年湖南岳阳汨（mì）罗市高泉山1号墓出土

中原礼制传湖湘

蹄足蟠虺纹铜鼎

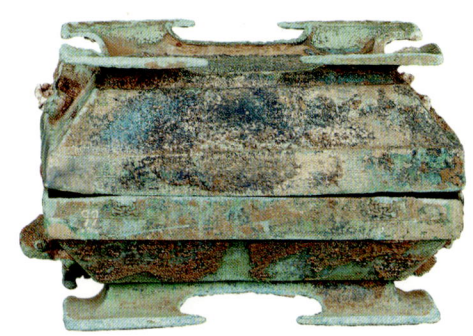

蟠虺纹铜簠

　　鼎和簠既是中国古代祭祀的礼器，也是宴飨（xiǎng）时盛放食物的器具。铜鼎口沿上有对称方形立耳，弧腹，圆底，三蹄足，通体饰蟠虺纹。簠基本为长方形，盖和器身形状相同，大小一样，上下对称，合则一体，分则为两个器皿。高泉山M1墓出土的蹄足蟠虺纹铜鼎、蟠虺纹铜簠，属于中原常见"鼎簠"的礼器组合，这说明中原礼仪制度也随着楚人传播到了湖南。

湖南人　033

刚柔并济铸双色

双色铜剑

战国
长54.2cm　宽5cm
1952年湖南长沙黄泥坑出土

楚人有佩剑之习、赠剑之尚、葬剑之俗。剑的中脊与两刃呈现出两种不同的色泽，缘于铸造时合金成分的不同：先铸首、茎和脊，再铸两刃。铸剑脊时，取锡较少，铅较多，色浅绿。剑刃含锡较多，色黑亮。用这种方法既保证了两侧剑刃的锋利，又有效地增强了格斗中剑体中脊的抗震性能，从而使剑不易折断，达到刚柔相济的效果。南楚地区出土双色铜剑较多，反映了楚国铸造兵器的高超水平。

"楚公豪（jiā）"铜戈

西周
长21.3cm 援宽15.3cm
20世纪50年代长沙征集

　　戈为兵器，早在商代已经出现，是商周时期兵器中的重要类型。

　　戈主要由头、柲（bì）、鐏（zūn）组成。戈头横刃，能钩能啄，可推可掠，杀伤性极强。柲的长度根据实际需要而不同，车战用长柲，步战用短柲。部分戈有刻铭、错金银、镶嵌、细线刻镂等装饰。

　　戈头由三部分组成：一为援，即平出之刃，用以钩啄敌人；二为胡，即援之直下部分，有孔，可用绳穿缚于柄上；三为内，即援后之短柄，中点也有孔，以绳贯缚于柄上。戈的主要用法为横击、钩援。

　　此戈戈身平整光滑，表面以脊线对称，饰黑色椭圆形斑纹，大小不一。据研究，斑纹可能为不同的金属成分所致。内为方形，中间有一枣形穿孔，内端铸有"楚公豪秉戈"五字铭文。迄今所见"楚公"器有5件钟和1件戈，此戈乃目前可见时代最早的楚国有铭铜戈，对研究楚国早期兵器及铭文具有十分重要的价值。

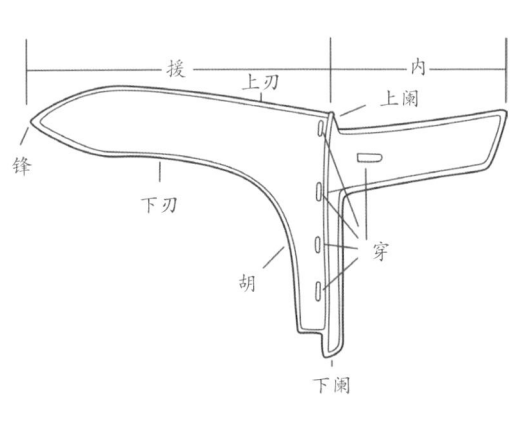

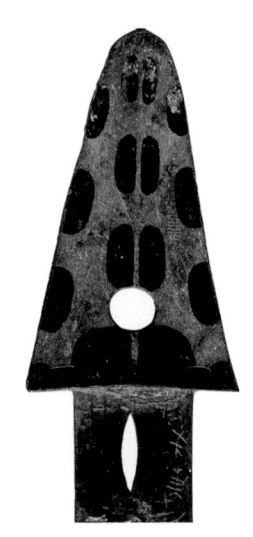

斑斑纹饰受青睐

戈结构示意图

第五单元
北人南迁

秦汉以来，每逢中原动荡北方居民都大量南迁，两晋之交、唐末、北宋末年，是北人南迁的三个重要时段，湖南是南迁的重要留经地。大批的人口南迁为南方带来了丰富的劳动力和先进的生产技术与文化，全国经济重心由北方转移到了南方。每一次大规模的人口南迁，不仅对南方经济与社会的发展产生了深远影响，同时也促进了湖南经济文化的快速发展。

披坚执锐秦灭楚

"上郡武"铜矛

战国
长15.8cm 宽3cm
征集

"上郡武"铭文

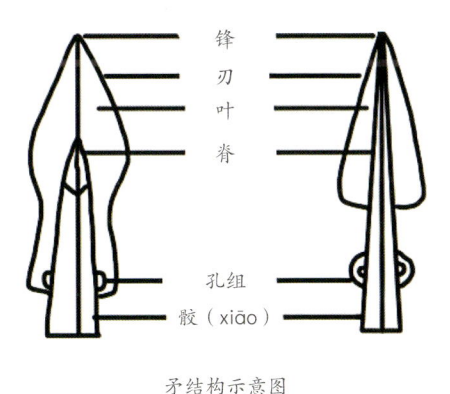

矛结构示意图
锋 刃 叶 脊 孔组 骹（xiāo）

    矛是一种用于直刺和扎挑的长柄格斗兵器，由头、柲（bì）、镦（duì）组成。矛头有窄叶、阔叶、长叶以及刃部带系等形制，楚人广泛使用棱脊、窄叶式；矛头铸有铭文、错金银饰。

    湖南出土了一批战国秦时铭文兵器，其中战国"廿年相邦冉"铜戈所铭"相邦冉"，为秦国丞相魏冉；战国"上郡武"铜矛所铭"上郡"在今陕西榆林，为秦国重要冶铸地，"上郡武"应是上郡武库藏兵器。这些铭文表明随着统一全国的秦楚之战，北方制造的兵器被秦人带入湖南境内。

湖南人

湖南纳入大一统

里耶秦简

秦代
2002年湖南湘西龙山县里耶古城遗址出土

公元前223年，秦灭楚后，将武陵山区纳入了秦国版图，大量的中原人来到湖南戍守服役。但由于秦朝只存在了15年，几乎没有留下什么文字资料，使我们对这段历史的了解少之又少，直到里耶秦简的出现，才有了转机。里耶古城遗址出土了3.7万片的秦简，多是当地政府的档案，为我们还原了千百年前秦朝在湖南设置郡县治理迁陵县的真实情景。秦并六国后，湖南成为平定南越的军事前沿，大量来自中原的秦军被派驻湖南戍守服役，服役后相当部分定居登入户籍。两组秦简反映了阳陵人遣戍洞庭郡及南阳人落户湖南的事实。

小知识：里耶古城

在2200年前，里耶是秦朝的一个政治、经济、军事重镇。因其历史悠久，多元文化不断交融，里耶也是目前湖南境内唯一的融合了秦汉、巴蜀、土家文化于一体的古镇。2002年6月，考古人员在里耶发现战国至秦汉时期古城遗址，填补了国内秦汉古城，尤其是秦代古城考古的空白，极具文化价值，被专家誉为"北有西安兵马俑，南有里耶秦简牍（dú）"。

青釉模印贴花人物纹壶

唐代
高16.4cm　口径5.8cm　底径9.9cm

　　自安史之乱起，中原沦为战场，北方人民为避战乱，纷纷南迁。大量工匠滞居于长沙附近，他们重操旧业，使长沙窑得以崛起。这件瓷壶小口，鼓腹。两系及流口下分别饰以三块模印贴花的人物图案，流口下方的贴花是一个在蒲团上舞蹈的女子，左边的贴花是一座方形的塔式建筑，右边的贴花是一头两眼发光的立狮。狮子是佛教中的神兽，原产于非洲和西亚，这件瓷器也反映了唐代的中外交流。

南北融合长沙窑

第六单元
江西填湖广

元末明初和明末清初的"江西填湖广"是历史上的重大移民事件。大批江西人及取道江西的苏、浙、皖、闽等地的人迁入湖南,至今仍有湖南人十之八九来自江西之说。

十之八九源江西

民国湘潭《中湘宾氏五修族谱》

民国三十七年(1948)

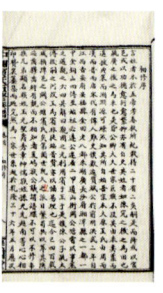

湖广地区是元朝末年的主要战场,战争导致十室九空。明初,政府为了巩固新政权和发展经济,组织了8次大规模的移民活动,形成了著名的"江西填湖广"运动。一些族谱和方志文献,就印证了如今"湖南人十之八九来自江西"的说法。例如,民国《湘潭五桂塘李氏七修族谱》上明确地记录了"族本贯江西之吉",《中湘宾氏五修族谱》中也记载了他们家族在明洪武年间从江西迁入湖南。

客居他乡成故乡

雕花梳妆台

民国

高140cm 桌面长87cm 宽44cm

湖南浏阳大围山镇征集

明末清初部分客家人迁至湘东,浏阳成为客家人在湖南的主要聚居地之一,他们既保留着汉民族的基本属性,又具有鲜明的地域特征,通行客家方言。这件雕花梳妆台就是民国时期客家人的家具。

第七单元
民族大家庭

秦汉时期,湖南境内的世居族群统称为"蛮",并以所居地域分别名为"武陵蛮""长沙蛮"等。后来,湖南世居族群与不断迁入的移民相互融合,又各自保留其文化特征,形成了以汉族为主体包括土家、苗、侗、瑶等少数民族和谐共处的大家庭,形成了绚烂多姿的多元文化。

虎钮人像铜錞（chún）于

东汉
高44.7cm　口径20cm
湖南常德征集

巴人世居亦主人

器顶纹饰

　　錞于属于打击乐器，上有虎钮，虎钮的左右分别阴刻有帆船纹、鱼纹、云雷纹及人物图像等。青铜錞于初见于春秋时代，盛行于战国及西汉前期，分布在长江流域及华南、西南地区。这说明自春秋战国至汉代，早期迁入湖南的巴人就世代生活在这里，并成为世居居民。

湖南人　043

怀柔安抚赐印绶

蛇钮"蛮夷侯印"金印

西晋

长2.3cm　宽2.3cm　高2cm

1990年湖南岳阳平江县梅仙镇钟家村出土

　　古代金印，蟠（pán）蛇钮。蛇身绕于印台之上，蛇首昂起，形态逼真。印面阴刻"蛮夷侯印"四字，笔画劲利。湖南平江在汉晋时属荆州，为"蛮"族聚居地。此印当为"蛮"族首领获封后铸印。汉晋朝廷赐给南方"蛮"族首领官印多用驼、蛇钮，印文前并冠以朝号。这说明西晋时湖南地区人群仍被中原王朝笼统称为"蛮夷"。

多族聚居乐生活

少数民族风俗画

清代
横25cm 纵31cm
征集

　　元至清时期的文献已将湖南族群细分为"土蛮""苗""傜""峒（dòng）蛮"或"洞家"等，他们由早期族群发展而来，也融合了部分迁入的汉族，其分布已与现各民族的聚居区基本相同。这些画再现了不同族群的生活习俗。

湖南人　045

西兰卡普寓吉祥

打花铺盖

民国

长126cm 宽107cm

征集

　　打花铺盖就是我们所说的织锦，土家语称"西兰卡普"，宋明时曾作为贡品。它多用丝、棉、毛绒制作而成，色彩斑斓，图案多达200余种，主要取材于动植物或吉祥符号。

铃声清脆舞粗犷

八宝铜铃

现代

长31cm　宽19cm

高15cm　布条长60cm

2017年湖南湘西龙山县征集

　　土家法师"梯玛"所用法器有八宝铜铃、司刀、牛角号等。做法事时,梯玛跳八宝铜铃舞,唱梯玛神歌,歌词叙说本族起源迁徙、信仰禁忌与生活习俗等。八宝铜铃也是土家节庆活动中的节奏乐器,铃有二、六、八颗之分,各有不同寓意。

无银无花不姑娘

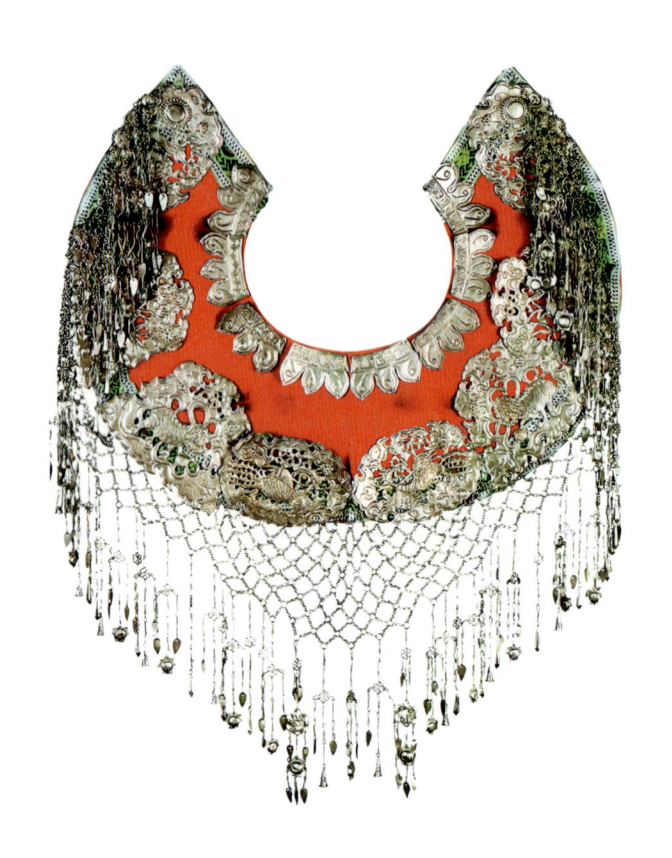

苗族银披肩

20世纪后半期

颈圈圈长44.5cm　披肩长74.5cm　宽57cm　布宽16cm

征集

　　苗族素有"无银无花不成姑娘"之说。银饰是苗族审美、身份和信仰的符号象征，佩戴部位分为头、项、胸、手等，造型图案多样，反映了苗族起源、迁徙及信仰等历史文化。

　　每逢节庆，苗家姑娘都要穿着繁复的盛装银饰，以烘托欢快热烈的喜庆气氛。接龙帽、银披肩和银项圈就是湘西苗族的主妇还愿接龙时所戴的苗族独特的配饰。

银光桃面映红装

扁形凸花银项圈

20世纪后半期

最小内径12.5～15cm　外径17.78～21cm

最大内径22.3～25.5cm　外径29～32.3cm

征集

  项圈一套4件，其径由内及外圈递次增大，总重1634克，系湘西苗族妇女颈部装饰品。项圈颈前部分扁平呈圆弧形，上錾（zàn）刻花瓣纹，两端处略窄，有银丝扭索缠绕，并接环形扣。纹饰题材简约，造型原始粗犷，但是技法细腻，制作工艺考究，采用浮雕刻画花瓣，蕊心点点凸出，脉络清晰，繁简密疏，看似古拙朴实，实则形态生动逼真，佩戴在颈上，雍容华贵。

  项圈精湛的工艺不仅向人们呈现了苗族瑰丽多彩的艺术世界，也展示了苗族银饰以大为美、以重为美、以多为美的审美情感，具有鲜明的民族个性。

长鼓咚咚人振奋

长鼓

清代

长218cm

征集

  湖南瑶族支系繁多，主要有"盘瑶""顶板瑶""花瑶""过山瑶"等。关于瑶族的起源说法不一，有"苗瑶同源""源自山越"，等等。

  过去瑶族人民的信仰可谓多元，瑶族认为万物有灵，对自然虔诚膜拜。宋、元以后，道教、佛教相继传入，到了清代，道教在瑶族地区广泛传播。

  这件长鼓就是典型的瑶族乐器。中间细，两端粗。鼓身为木质，髹（xiū）棕色漆，两端挖空，以羊皮为鼓面，鼓身系有八根绳索以供悬挂。长鼓舞多用于瑶族传统节日如祭盘王仪典，一些驱鬼逐邪、治病占卜的巫术活动，以及在庆祝丰收、乔迁或是婚礼喜庆的日子时表演。

《结下好情谊》扇面

清代

上宽39cm 下宽16cm

1992年湖南永州江永县文化馆征集

江永流传一种只在女性群体内使用的神奇文字，用纸书写，或绣于布帕，用汉语音节表音，内容多为从女性视角描写的婚姻家庭、个人情感等，是目前所见唯一的女性专用文字。

这件扇面自右至左墨书五言女书《结下好情谊》，书中表述了对要结交的女孩子的赞美和想尽快与对方结交的心愿。扇面女书字体秀丽娟细。扇面的一面中心绘八角形花鸟图案。

闺中言语闺心知

第三部分

洞庭鱼米乡

湖南自古就重视农业，约在15000年前，这片土地上的先民们便开始人工栽培水稻。随着历代耕地的开发与耕作技术的进步，自唐宋以后，湖南的粮食产量不但能满足本省需求，还大量外输，到明清时期，湖南已发展为"天下粮仓"，为湖南人民生活品质的提升与文化教育的发展提供了坚实的物质基础。

第一单元
稻之源

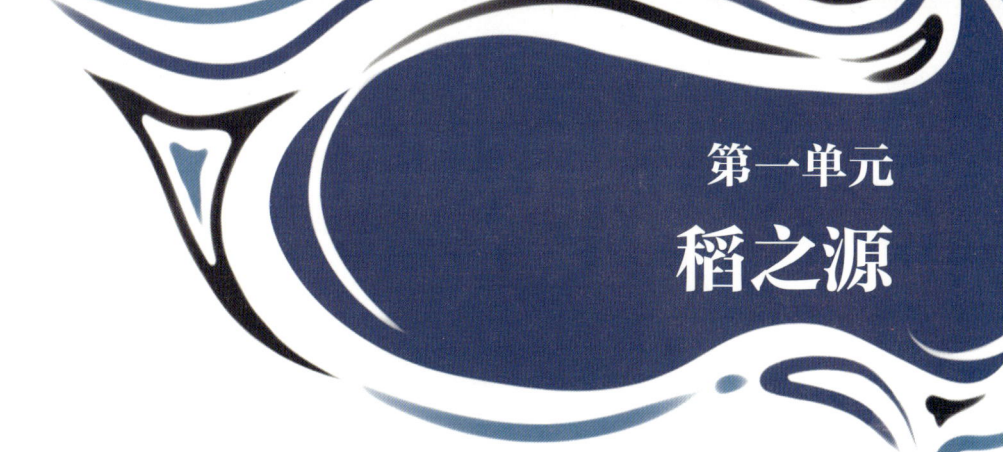

距今2万至1万年期间,寒冷的冰河时代过渡到温暖的全新世,原始农业出现,湖南地区率先种植水稻、烧制陶器,开始了定居生活,并由小型聚落逐渐发展到城池。以澧(lǐ)阳平原为代表的稻作农业,是长江中游地区新石器时代发展高度的标杆。

古栽培稻标本

距今约1.5万年
1995年湖南永州道县玉蟾岩遗址出土
湖南省文物考古研究所藏

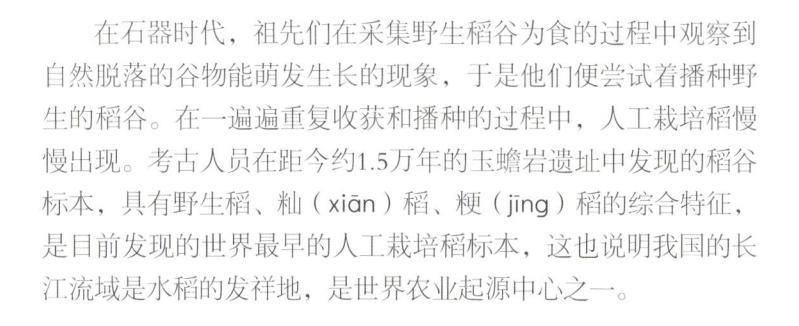

在石器时代,祖先们在采集野生稻谷为食的过程中观察到自然脱落的谷物能萌发生长的现象,于是他们便尝试着播种野生的稻谷。在一遍遍重复收获和播种的过程中,人工栽培稻慢慢出现。考古人员在距今约1.5万年的玉蟾岩遗址中发现的稻谷标本,具有野生稻、籼(xiān)稻、粳(jīng)稻的综合特征,是目前发现的世界最早的人工栽培稻标本,这也说明我国的长江流域是水稻的发祥地,是世界农业起源中心之一。

一粒稻谷香万年

湖南人 053

炊烟袅袅釜底升

陶釜

新石器时代

高29.8cm　口径32.5cm

湖南永州道县玉蟾岩遗址出土

　　考古学家在位于澧（lǐ）阳平原的遗址中发现了不同形制的陶器，它们已经根据不同需求有功能上的区分，有炊煮器、盛食器、储食器、盛水器等。其中，釜主要用于煮米饭，类似于今天的锅，从当时的生产能力和使用的炊具来推断，应是做成干粥烂饭。有的釜底尚存烟炱（tái）痕迹。它们的制作相当原始，胎体由厚达2cm泥片叠筑而成，烧成温度低。这是迄今为止世界上发现的最早的陶器。

小知识：玉蟾岩遗址

　　1988年，湖南省考古研究所的专家发现了新石器时代的玉蟾岩遗址。该遗址由中美合作发掘，集中了当时世界上研究农业起源最权威的专家近30人，对该遗址进行的发掘分为两次，发现植物17种及部分稻谷遗存。经测定，玉蟾岩古栽培稻的年代距今1.4万年～1.8万年，其标本被确认为"世界上发现最早的人工栽培稻标本"。

　　玉蟾岩另一个非常重要的考古发现是原始陶片。这些陶片相对集中，片大，能够大体复原为完整的陶器，为研究最原始的陶器工业提供了相对完整的资料。

八角星芒祭日神

印纹白陶盘

新石器时代
高7.1cm 口径20cm
1978年湖南常德安乡汤家岗遗址出土

陶盘胎白十分纯净，盘外的花纹精美。值得注意的是，它的盘底还戳印有一个十分规整的八角星图案。有专家认为该盘应是古时用于祭祀的神器，而八角星当是在古时被认为与太阳神有关的"八芒日轮"。古人在使用这件器物时须把它高高地举过头顶。从另一种角度来说，只要它被刻画在了这个器物上，它便已赋予了器物某种至高无上的神力，所以有些学者称它为"艺术神器"。

欢庆时节鼓而歌

鹰嘴乳突陶罐

新石器时代
高27.7cm 口径35.8cm
1979年湖南常德安乡县划城岗遗址出土

这件陶罐最显著的特色就在于它口沿部的这一周乳钉，有一种观点认为它们是为装饰美化之用，还有一种观点认为是那时的祖先已经发明了乐器，而陶罐即可作为一种鼓乐器，只要在其口部蒙一层皮，用乳钉拉紧固定鼓皮，便可在狩猎归来或欢庆节日时击鼓而歌了。

湖南人 055

第二单元
稻之兴

进入文明社会后，稻作方式由原始栽培发展到精耕细作。金属农具和牛耕的出现，促进了生产效率的提高；中原人口的南迁，加速了耕地的开发与耕作技术的进步；南方相对安定的政治局面，为农业生产提供了较好的社会环境，粮食产量逐步提升，到了隋唐时期，湖南出现了仓廪（lǐn）充盈的盛况。

田沃稻长鱼儿肥

绿釉陶厕猪圈

东汉
高19.7cm 长26cm 宽23cm
1956年湖南长沙电影学校出土

　　汉唐时期湖南人已掌握了肥料与农作物生长期的匹配关系，南方地区摸索出了一套以谷壳、稻秆饲养家畜家禽，以粪肥田，稻田养鱼的良性生态链，形成了种植与养殖相结合的小农经济结构。湖南出土的大量家禽家畜及其圈栏明器，便是当时小农生产模式的见证。这是一件低温釉陶质的随葬模型器，猪圈与厕所合一，反映汉代人们的生活习俗。猪圈呈圆形，围栏镂空，栏内有一肥猪。围栏一边处建有一间方形厕所，歇山式顶，檐伸出墙外，屋顶与厕可分开。底圈外有梯拾级而上，通向厕门，粪坑与猪圈相通。猪圈胎呈红色，烧成温度较低，通体施绿釉，釉色光亮，是同类模型器的精品。

小室犹藏万石粮

"万石（dàn）仓"滑石仓

西汉
高22.5cm　屋顶长24.5cm　宽19.6cm
1974年湖南长沙阿弥岭出土

　　农业的生产发展使得湖南粮食充盈，粮储充实。湖南地区出土的大量汉晋粮仓和加工工具，就反映了当时的农业盛况。例如这件西汉的粮仓模型，由顶和身两部分组成，可以拆卸，每面有凸起的瓦棱，身部正面有一框，中部设有一可关闭的仓门，在一侧的框边上刻有"万石仓"三字，以示它的原型是可储存万石粮食的粮仓。

陶粮囷（qūn）

东汉

高18.5cm　腹径18cm

1978年湖南长沙地质局子弟学校出土

粮仓方形称廪（lǐn），圆形称囷。汉代仓底多高于地面，也有底部完全架空的干栏式造型，以利于防潮，故仓门前设有台阶。仓房开有窗户以通风。仓顶往往立有凤鸟或鸡造型，寓意驱鬼辟邪。

第三单元
天下粮仓

宋元明清时期，人口的快速增长，加快了耕地的开发，耕地面积不断扩大，高产作物的引入与推广、水利工程的兴修，使粮食产量快速提高，湖南成为全国重要的粮食生产基地与贸易中心，从明代"湖广熟、天下足"，到清代"湖南熟、天下足"，湖南的农业地位日趋凸显。

重农湖南无荒田

坦山岩劝农碑

南宋

石碑立于郴州北湖区坦山村万华岩入口处，刻于南宋初绍兴十八年（1148），上有南宋郴州知军赵不退在此进行劝农活动的记载，全文23行，楷书，碑额横题"坦山岩劝农记"篆体6字，宣扬皇帝的劝农诏令。在宋代"务农重谷，天下之本"重农思想的鼓励下，"湖南无荒田，粟米妙天下"。此碑是现存不多的古代官员重农桑的碑刻，具有较高的历史、艺术、科研价值。

"正泰码头"碑

19世纪中叶

　　正泰码头位于湘潭易俗河涓水边上，是专门装运谷米的码头。19世纪中叶由易俗河谷米市场中最大的粮行郭正泰行修建。易俗河河边，出现了多处运粮的码头。易俗河是当时最大的谷米市场，为湖南四大米市之一。

巨舰漕米出湘江

第四部分

生活的足迹

一方水土养育一方人。独特的地理环境与物产以及不断融入的外来人群的生活方式与生活习惯造就了湖南地区特有的生活方式。根据各历史时期考古资料和传世实物重绘的一个个生活画面，既反映了当时社会发展水平，也是湖南不同时期生活方式的真实写照，衬托出稻作农业造就的勤劳精干与互助协作的人文精神，凝固成富有地方特色的区域文化。

第一单元
青铜时代的南方礼乐

　　商人南下带来的青铜铸造技术，使湖南地区进入了青铜时代。中原青铜礼乐器与本地信仰礼俗的结合，形成了地域特色鲜明的南方青铜文化。湖南青铜器的出土地以湖南省长沙市宁乡市黄材为中心，铜器大多单个出土于山川、河畔，少见成套组合，应是祭祀天地、山川神灵时埋藏。虽用于祭祀，也是现实生活的折射，结合湖南省长沙市宁乡市炭河里遗址发现的大型宫殿建筑、城墙基址，以及出土的玉器、青铜器和陶器等，表明此地可能是独立于商周中原王朝之外的地方青铜文化或方国中心。

青铜铸造八骏图

四马方座铜簋（guǐ）

西周
高32cm 座长20cm 宽30.6cm
1981年湖南益阳桃江县连河冲出土

　　簋是一种盛放饭食的器物，在商周时期，它还是重要的礼器，祭祀或宴飨（xiǎng）时偶数簋与奇数鼎组合使用，然而，湖南出土簋与鼎的组合关系并不明确。

　　这件铜簋肩部浮雕四匹昂首伏卧的小马，前足后曲，后足伸直，两马臀部相对，马首是另铸焊接的，卧马之间饰卷曲的双身龙纹。器座较长的两边铸立马四匹，每两匹一组，头向相反，昂首竖耳、头小、颈长、身短、蹄粗、尾长下垂，尾毛根根可辨。座身两长边浮雕马身。器座较短两边饰兽面纹。

何方神圣千古迷

人面纹铜方鼎

商代
高35.5cm　口径28.6cm
1959年湖南宁乡黄材寨子山出土

　　鼎主要用于煮肉或盛肉，由陶鼎演变而来。商周时期，鼎既是生活用器，也是祭祀、朝聘、宴飨（xiǎng）、丧葬等各种仪礼的核心重器。湖南出土的鼎有圆、方、分裆等形制，其中以人面纹方鼎最为著名。

　　此鼎是目前全国唯一以人面为饰的青铜鼎。整件器物通体碧绿，器身略呈矩形，口部略大于底部，两耳直立，四柱状足，足上部有兽面纹，器身外表四周饰半浮雕的人面。人面周围有云雷纹，人面的额部两侧有角，下巴两侧有爪。有的专家认为这组人面纹有爪而无身，属于传说中"有首无身"、贪吃人的凶兽饕餮一类的怪神。究竟为何采用如此写实的人面纹作主题装饰，至今仍是个谜。鼎腹内壁铸"大禾"两字铭文，因此鼎亦被称为"大禾方鼎"。

湖南人

云雷兽面大器成

牺首兽面纹圆尊

商代
高73.2cm　腹径39.8cm　口径61cm　底径31cm
1966年湖南岳阳华容县东山出土

　　尊为酒器。湖南出土尊的种类和数量较多，有方、圆之分，尤以羊尊、象尊、猪尊等最为著名。
　　这件尊大敞口、折肩、折腹，高圈足，器型高大，装饰精致，腹部饰兽面纹，肩部有圆雕的牺首和立鸟为饰，底纹是云雷纹。在兽面纹各部位如鼻端、嘴角、角根、耳根等处都装饰了小的乳钉纹。腹部和圈足间有3个很大的"十"字形镂孔，有人认为这是特意设置的通风口，但现在一般认为是铸造时范模垫片留下的，之所以做成这么规范的形状，主要是为了保持器物的整体美感。

豕（shǐ）形铜尊

商代
高40cm　长72cm
1981年湖南湘潭九华船形山出土

穿鳞披甲有容度

　　猪背上开椭圆形口，设盖，腹内盛酒。口两侧有獠牙，从动物进化的角度看，不属于家养，而是一只孔武有力的野公猪。前后肘部有横穿的圆孔管，从实用的角度考虑，此器重达30多公斤，容积有13升，盛满之后，一个人难以搬运，有此管孔，可以穿系绳索，供人抬举。背部有椭圆形孔，为酒的出入口，此尊盛酒后，难以倒出，应当是配备有取酒的勺。盖上有凤鸟，既是装饰，又是捉手。猪身上装饰有鳞甲、龙纹和兽面纹。以野猪作为器物形制，在现有的商代青铜器中仅此一例。有的考古学者认为商周时期的象生动物具有表意的功能及象征的意味，艺术地表现了人们的原始宗教观念，是人与神灵之间的沟通媒介，起着巫术般的祈求避邪作用。

湖南人　067

匠心巧思铸神象

象形铜尊

商代

高22.8cm 长26.5cm

1975年湖南株洲醴（lí）陵狮形山出土

  此尊作象形，象鼻与腹相通，可作流口，背上有椭圆形口，酒可以从此注入，是一件既具艺术价值，又具实用价值的铜器。整件器物栩栩如生，器上装饰有龙、凤、虎、兽面等纹饰，值得注意的是象鼻上的凤鸟和虎纹，既保持了象鼻的特点，又塑造出了一只凤鸟和虎，其装饰艺术确实是匠心独具。

醉后不知天在水

兽面纹铜瓿（bù）

商代

高44cm　口径23cm　宽39cm

1959年湖南宁乡市黄材寨子山出土

　　商代饮酒之风盛行，当时人们认为，美酒的香气也能被神明歆享。湖南地区出土的青铜礼器中，最大、最精美的往往也是酒器。

　　这件兽面纹瓿的盖钮被设计成蟠（pán）龙形，腹部饰大幅兽面纹，兽面纹的间隙填满细密的雷纹。整件器物纹饰层次丰富，气度华美。值得一提的是，这件瓿在出土时，腹内还盛有8件青铜斧。有学者认为，这件瓿与其中的青铜斧可能是作为财富而被窖藏的。

庄重高峻称罍王

"皿而全"铜方罍（léi）

商代

高88cm　口长26.1cm　口宽21.6cm

1919年湖南常德桃源县水田乡茅山峪出土

罍，盛酒器。器盖内铸有铭文"皿而全作父己尊彝"，器身铸有铭文"皿作父己尊彝"，其中"皿"是器主族氏，"而全"是器主之名。由此可知，该器是皿而全为祭祀父亲"父己"而特意制作的礼器。

罍盖呈庑（wǔ）殿顶形，罍身作长方口，直颈，高圈足。全器以云雷纹为底，上饰兽面纹、夔（kuí）龙纹、凤鸟纹。肩部两侧装饰双耳衔环，正面腹部下方置一兽首鋬（pàn），四面边角及各面中心均装饰突起的长条钩戟形扉棱。整器集立雕、浮雕、线雕于一身，器型硕大，雄浑庄重，雕刻精美，富丽堂皇，是中国晚商青铜器鼎盛时期的代表之作，反映了中国青铜器铸造鼎盛时期的高超技艺和摄人心魄的气势，是迄今所见最高大的方形罍，被誉为"方罍之王"。

湖南人

猛禽展翅藏新酒

鸮（xiāo）形铜卣（yǒu）

商代
高37.7cm　腹径22cm
1986年湖南娄底双峰县出土
双峰县文物管理所藏

  盛酒器。古经籍及铭辞中常见"秬鬯（jù chàng，用黍和香草酿的酒）一卣"。卣除用于祭祀外，还大量用于日常生活。湖南出土商、西周卣数量较多，形制多样。

  鸮，是我国古代对猫头鹰一类鸟的统称。此卣由相背的两鸮构成卣身，器身呈鼓腹之态，用羽翅装饰卣腹，两侧各置一环扣，内系绳索状提梁，盖两端为兽嘴，盖面饰浅浮雕饕餮纹饰，盖顶中有提钮，底部为上粗下细状四只兽足，给人神秘、威慑之感。

彩虹似龙当空横

兽面纹铜壶

商代
高49cm 宽24.5cm
1950年湖南常德石门县出土

　　这件兽面纹铜壶配有一条宽带提梁，提梁两端设计成带角龙首的形状，宛如一条双头龙跨越壶身。在古人的想象中，彩虹就是这样一种弓背的双头龙。在铜壶腹部有几只俏皮的小鸟，它们三个一组上下相叠，构成两道扉棱，这种扉棱在商周青铜器中是很少见的。

龙首鋬（pàn）铜盉（hé）

西周
高28.5cm　宽32cm　口直径14cm
1990年湖南宁乡市黄材镇出土

调酒器。此盉侈口，长颈，分裆三蹄足。器盖上有一盘踞的卧龙，龙头凸起为捉手。器盖上有三条短扉棱。器身一侧有龙形鋬，龙首凸起，鋬下有垂耳，似龙尾。器身另一侧有一龙形流，流口为龙头。颈部饰有龙纹，并间有涡纹。腹部饰有夔（kuí）龙纹并以云雷纹衬底。此盉造型别致，独具特色，体现出西周时期湖南地区铸造青铜器的高超水平。

浓淡相宜会新友

牛形铜觥（gōng）

商代
高14cm　长19cm
1977年湖南衡阳市郊出土
衡阳市博物馆藏

　　这件青铜觥的造型，是一头憨态可掬的水牛。牛头和背部构成器盖，粗壮的牛腿承担了器足的功能，牛背正中有一只立虎，可以作为捉手来使用。在这件牺觥身上，装饰和用途的完美结合得到了充分体现。觥是一种盛酒器，而牛是古人祭祀时使用的牺牲，所以这件青铜觥被称作牺觥。水牛是湖南常见的动物。

觥筹交错酒千盏

湖南人　075

兽面纹铜觚（gū）

商代
高25cm 口径14.7cm
1960年拨交

喇叭口，束颈深腹，喇叭形高圈足，圈足上有两个对称的十字形镂孔；腹部和圈足上饰兽面纹，圈足内有铭文。器物上变形的动物图案呈现出神秘之感，加之配以沉稳的器物造型，使其更加显得凝重。

这件兽面纹铜觚是商代青铜器中不可多得的精品佳作。《周礼》记载："爵一升，觚二升，献以爵而酬以觚。"《说文解字》解释说："觚，乡饮酒之爵也。"可见铜觚多作乡饮酒礼用器，在古代人们礼仪生活当中有着重要的地位，身份高贵的人才能用觚。

正襟持觚酬宾客

兽面纹铜爵

商代
高30.5cm 口径12～27cm
1949年前湖南湘潭湘乡市出土

此器浅绿色，圆深腹，圜（huán）底，三棱状足。前有流，后有三角形尾，腹部一侧有弧形鋬（pàn），口上靠流处有两伞形柱，立柱上有圆涡状纹和云纹，腹部为变形兽面纹。

该器器形高大，铸造精致，为湖南地区目前所见最大的一件，是研究湖南地区商代青铜文化的重要资料。关于爵的用途众说纷纭，目前学术界公认的是"浇酒之器"，祭祀时古人用香茅叶接在流上，将酒缓缓导入玉璧的圆孔之中，而"柱"用于悬挂香茅。

祭祀苍天金爵满

卑者献斝庙堂间

兽面纹铜斝（jiǎ）

商代

高25.2cm 口径16.8cm

1960年拨交

  温酒器。侈口，宽唇上立方形柱，柱钮扁圆作笠状，束颈，腹外鼓，平底，三角尖锥空足外撇，腹与足相通。鋬（pàn）扁平，外侧呈弧状，颈腹部兽面纹，腹部饰火纹。

  "斝"字在商代甲骨文中已见到，为商代双柱平底斝之象形。周代礼书中也常常提到斝，是一种酒器。从大量的出土文物中发现，铜斝是与铜爵配套的酒器，专门向爵内注酒，又兼作温酒器。《礼记·礼器》云"尊者献以爵，卑者献以散（斝）"，明确了铜斝在酒器中的地位列于铜爵之后。

湖南人 077

天地轰鸣通神灵

立象兽面纹铜铙（náo）

商代
高71cm　铣（xiǎn）间宽46.5cm　重67.25kg
1959年湖南长沙宁乡市老粮仓师古寨出土

　　铙作为南方青铜礼乐文化的代表性器物之一，主要发现于长江中下游地区，湘江流域尤其是洞庭湖及其周围地区是这种器物发现的中心，所以湖南可能是其发源地。

　　这件立象兽面纹铜铙口部的四只立象称为鼓，鼓中间的地方叫隧，鼓部和隧部是铙的敲击部位，它一般可以发两个音。从鼓部到铙的最下方的部位称之为钲（zhēng），钲部装饰着线条粗圆如蛇体的兽面纹，在粗线条上有细致的云纹图案。一般的兽面纹铙只有单调的粗线条，而这种兽面与常见的中原同时期青铜器上兽面的表现方式完全不同，证明了这件大铙是在湖南本地铸造的。

曲歇钟罢笙歌散

乳丁纹铜钟

西周

高48.5cm

舞部30.1cm～22cm

甬径5～6cm

1976年湖南湘潭青山桥出土

  铜钟属于古代祭祀或宴飨（xiǎng）时用的乐器。最初的钟大约是由商代的铙（náo）发展而来的。最古的钟是西周时代的。铜钟发音洪亮而悠扬，和鼎一样，也是统治阶级王权的象征，"钟鸣鼎食"就是权势地位的标志。悬挂编钟，有严格的礼乐制度规定：天子宫悬（四面悬钟）、诸侯轩悬（三面悬钟）、卿大夫判悬（两面悬钟）、士特悬（一面悬钟）。

小知识：甬（yǒng）钟

  甬钟为合瓦形结构，因最上面的平面"舞部"之上立有"甬柱"而区别于舞部上立有悬钮的钮钟而得名。

  甬钟主要分成以下几部分：舞部（甬钟最上端的平面），钲（zhēng）部（甬钟立面中部狭长条状区域），篆部（钲部两侧），鼓部（篆部下方），枚（钟面上的乳丁状突起），铣（xiǎn，钟下两角）。

湖南人 079

凤叹虎视金声振

虎饰铜镈（bó）

商晚至西周早期
高42.8cm 舞部13.1～18.3cm 于部19.5～26.5cm
1985年湖南邵阳邵东县民安村出土

　　镈是一种打击乐器，与钟的区别主要为平口，有扉棱。迄今所见商、西周铜镈不过十余件，大多集中出土于湘江流域及其邻近地区，器表通常以粗犷的兽面纹或其变体为主纹，扉棱由行进的两虎或简化的高冠鸟组成，显示出湖南礼乐的区域特色。

　　这件铜镈的镈身装饰整幅兽面纹，钲（zhēng）部中间的扉棱上端作高冠凤鸟，下端为四钩形饰。镈体两侧扉棱上铸有4只猛虎，两两为对，张口翘尾，似乎正从山坡之上相逐而下，威猛剽悍的形象表现得惟妙惟肖。整个器体平缓内收，显得沉稳肃穆。

盈盈清脆悦耳听

豕（shǐ）形铜磬（qìng）

商代

高28cm　长52cm　宽29cm

2012年湖南岳阳汨罗市白塘乡曹家村出土

磬为击奏乐器，多为石制，也有部分玉制，铜磬很少，目前仅发现3件。商代晚期以前，磬均为单个出土、单独使用，称为特磬，到了晚商，出现了大小相次成组、按一定音阶排列的编磬。古人专用"金石之音"来形容钟磬合奏之声。

这件豕磬因外观呈板状近似猪形而得名。器身对称分布的10个乳钉纹枚，每个枚发音均不相同，鳞纹雕饰，脊部饰凤鸟，最明显的特征还是那个微微翻卷上扬的猪鼻子。它的发现，改变了早期乐器只有石玉质地磬的认识，是研究我国商代音乐及礼仪文化的重要实物。

第二单元
湘楚风情

春秋战国时期湖南纳入楚国版图，形成了以楚文化为主，与越等多元文化广泛共存的格局，地域文化特色鲜明。这一时期人们意识开始觉醒，生活重心由礼神转向娱己，日常用器精美考究，楚人灵动的特质得到张扬，开始追求生活情趣。

东周时期，礼器开始生活化，相比于商、西周时期，为满足实用需求，器物体量变小，种类增加。宴飨（xiǎng）时，高级贵族常配有相应规格的乐舞，过着"钟鸣鼎食"的生活。

龙纹铜鼎

战国
高20.1cm 口径18.5cm
1980年湖南常德临澧（lǐ）县九里楚墓出土

钟鸣鼎食香弥漫

  战国时期，鼎的功能开始分化，有烹煮用的镬（huò）鼎、盛放熟食的升鼎、盛放配料的羞鼎等。此外，炊具还有蒸饭食的甗（yǎn），食具有盛饭食的簠（fǔ）、敦（duì），以及盛腌菜、肉酱或调味品的豆。

  此鼎的鼎盖隆起，中央有桥形钮，衔一提环，周围竖立三个环形钮，盖上有凸弦纹两周，将纹饰分为三区，均饰横S形龙纹，龙身上饰多种形状的云纹和细点纹。器身有子口，近口部附两个环形耳，腹较浅，底近平，腹部有凸纹一道，所饰龙纹与盖上纹饰相同。下有三个高蹄足，作八棱形，足上部饰兽面。腹和底有烟炱（tái），一足有修补痕迹，说明这是一件实用器。

湖南人 083

盛得佳肴酒未干

勾连云纹铜豆

战国

高24cm　口径17.5cm　腹径17.8cm

1965年湖南湘潭湘乡县新坳31号墓出土

豆，通常用来盛放多汁的酱类或腌菜。该器器身较深，有喇叭形状的圈足，盖的主体形状和器身相似，取下后倒置，可以作为容器使用。该器通体饰几何形和勾连状云纹，从纹饰看，原来似有镶嵌物，现已失落。此豆的纹饰精细，线条流畅，用于镶嵌的线条细小，无论镶嵌物是何种质地，都显示出当时的镶嵌工艺已经达到了相当高的水平。

瑶浆香遍十里天

动物纹提梁铜卣（yǒu）

春秋

高50cm 口径24.4cm 腹径38cm

1988年湖南衡阳渣江区赤石村出土

　　楚人好酒，皆用粮食酿制，有带糟的醪酒，有苞茅过滤的清酒，品质高者被称为"瑶浆蜜勺"。酒具按功能分为储酒、盛酒、温酒、饮酒等多种器类。

　　卣是一种盛酒器，它在中原地区只流行到西周时期，而这件动物纹提梁卣却是春秋时期的器物。铜卣上的纹饰，有蜥蜴、蛙、龟、蛇、鸟，简直像个小动物园。各种动物随意点缀，浑然天成，纹饰颇具越文化特色。所以，这件器物很可能是湘江流域越人仿制中原西周铜卣的作品。

临鉴照影貌庄严

蟠虺（pán huǐ）纹铜鉴

春秋

高14.3cm 宽38.3cm

1965年湖南湘潭湘乡县牛形山出土

  鉴是盛水器。流行于春秋战国时期，初为陶质，春秋中期出现青铜鉴，西汉时仍有铸造。铜鉴的功能比较多，既可以盛水照影，也可以放置冰块，用来冰镇酒水。

  这件蟠虺纹铜鉴的器表纹饰自上而下分为四层，其中的一、三层铸有凸起的管状乳突，这种纹饰对铸造技术有极高的要求。

沐浴香汤精神爽

蟠虺（pán huǐ）纹铜浴缶（fǒu）

春秋

高33.5cm

1965年湖南湘潭湘乡县大茅坪出土

　　据《周礼》记载，古人行祭礼前，须斋戒沐浴以示心诚；日常三日一沐，五日一浴，形成一套以缶盛水、以鉴沐浴的礼制。青铜缶分为尊缶和浴缶，尊缶是盛酒器，浴缶则是盛水器。此器作圆形，有盖，器身为小口，肩两侧有兽首环形耳，从形制上看可能是浴缶。缶是楚人具有特色的器物，其形制和纹饰也是独具楚系铜器的特点，如盖中央有喇叭状捉手，捉手内饰蟠虺纹，盖和器身都饰蟠虺纹等，这在楚国青铜器中常见。

狩猎云梦佐酒些

狩猎纹漆樽

战国

高12.5cm 口径11.2cm

1952年湖南长沙颜家岭出土

东周时期，铜作为战略物资被大量用于兵器制作，而漆木器食具由于其使用轻便、易于清洁以及外表华丽等优点开始流行。漆器制作工序繁复、造价高昂，主要在贵族阶层中使用。

漆樽是一种盛酒器，在楚墓中较为常见。这件漆樽采用了堆漆技法，在褐色漆地上朱绘三道变形凤鸟纹，将整体纹饰分割成上下两部分。上部描绘的是猎人与野牛对阵的情景，一名猎人持戟刺向野牛，野牛则埋首曲蹄，做攻击状，野牛身后另有一位引满待射的猎人，意欲助持戟猎人一臂之力。下部绘有老者牵狗、猎犬逐鹿和两鹤啄食等图案。整器纹饰内容丰富，笔法简练，神情生动，充分显示出楚国匠师们的高超技艺，仿佛再现了楚王云梦之猎的精彩场面。

褐地"女五氏"矩纹锦

战国

长19.2cm 宽8.5cm

1957年湖南长沙左家塘出土

巧手织得锦绣纹

丝织残片，属于服饰用料。由两块锦拼缝，在锦的一边有0.8厘米的黄绢作边，绢上墨书有"五女氏"三字。织锦以褐色经丝作地纹，橘黄色经丝显花，在某些花纹区内，除褐、橘黄两色外，加牵一条0.8厘米的浅土黄色经彩条，在这个色条区内，以褐色作地纹，以橘色、浅土黄二色显花，纬丝褐色。加土黄色经线的彩条区为三重经锦组织，其余区域为二重经锦组织。

吉祥龙凤成双对

对龙对凤纹锦

战国

长29.4cm 宽18.3cm

1957年湖南长沙左家塘出土

这件对龙对凤纹锦是当时的高级衣料，其地色为深棕色，龙凤纹用浅棕色绘出，彩条经为朱红色，朱色的运用反映了楚人"色尚赤"的习俗。龙凤是先民信仰中较早出现的神异动物，在楚人纺织品中出现变化多样的龙凤纹，既表明当时楚人已能够织造形象轮廓（kuò）较为复杂的动物纹样，也反映了楚人的某种宗教意识。

湖南人 089

丝丝入扣环细腰

错金嵌绿松石铜带钩

战国

长17.5cm 宽0.9cm

1954年征集

　　楚人腰带多以丝、革制成，男子以带钩相扣，女子系结。腰带上还可另附丝带，以佩挂刀剑、印信及饰物等。带钩又有"鲜卑""犀毗""饰比""胥纰"等名称，起源于西周，战国至秦汉时广为流行。由于带钩扎起来比系结更方便，所以使用日渐普遍。带钩除了具有实用的功能，也是一类重要的装饰物品，其质地有青铜、黄金、玉石、玻璃等，工艺包括雕镂、镶嵌、错金银等。这件错金嵌绿松石铜带钩钩身扁长，钩颈窄瘦，做鸭形首，采用错金工艺绘出云纹，并镶嵌绿松石，制作十分考究。

镂空双龙首纹玉璜（huáng）

战国

长9.5cm 宽2.2cm

1980年湖南常德临澧（lǐ）县九里乡出土

　　文献中记载的璜是一种玉制礼器，《周礼》有"以玄璜礼北方"的记载。文物界习惯把一种弧形片状玉器称作璜，这种玉器弯弧两端多有小孔，主要作为佩饰使用。

　　这件玉璜用透雕技法分隔为上下两层。上层两端雕对称的龙首，以龙口为穿孔，龙角与龙身表面的云纹皆用阴线刻出。下层亦为对称的双首龙，龙头透雕，龙上颚伸长与上层龙身相连。玉璜两面纹饰相同，弧形正中也有一个穿孔。从穿孔的数量和位置看，这件玉璜应该是组玉佩中的一个部件。整件镂空双龙首纹玉璜构图精巧，琢磨精细，保存完好，实为楚墓所出玉佩饰中少见的精品。

琳琅美玉鸣锵锵

湖南人 091

千年龙凤飞楚家

龙形玉环

战国

外径4cm　内径2cm

1980年湖南常德临澧（lǐ）县九里乡出土

　　这件龙形玉环首尾相衔，造型生动，龙身纹饰细若毛发，展示了高超的玉器雕刻工艺。战国时期，楚国玉器多以龙凤纹作装饰，或直接琢成龙凤形状，这与楚人崇龙尚凤的宗教观念和巫觋（xí）崇拜习俗有密切关系。工匠雕刻时往往依料施工，结合玉料形态，对龙凤躯干作不同程度的弯曲处理，使得楚国玉组佩中的龙凤佩饰呈现千姿百态的面貌。

玻璃珠／玻璃管

战国

珠，直径1.7～2.5cm

管，长4.5cm 宽1cm

1975年湖南湘潭湘乡县牛形山出土

  这组玻璃珠又被称作蜻蜓眼式玻璃珠，珠体表面或在黄色地上饰蓝白相间的圆圈纹，或以蓝色为地，饰绿、黄色圆圈纹，形成类似眼睛的装饰效果。珠体中间有穿孔，用来穿绳组合佩带。玻璃管则在黄色地上饰蓝、黄、白三色组成的圆圈纹，构成三角形及菱形纹饰，色彩雅洁，烧制甚精。

  战国时期，楚国成为蜻蜓眼式玻璃珠最为流行的地区，楚墓中出土的蜻蜓眼式珠不但有玻璃材质的，还有用陶土、象牙等材料制作的，足见人们对它的偏爱。

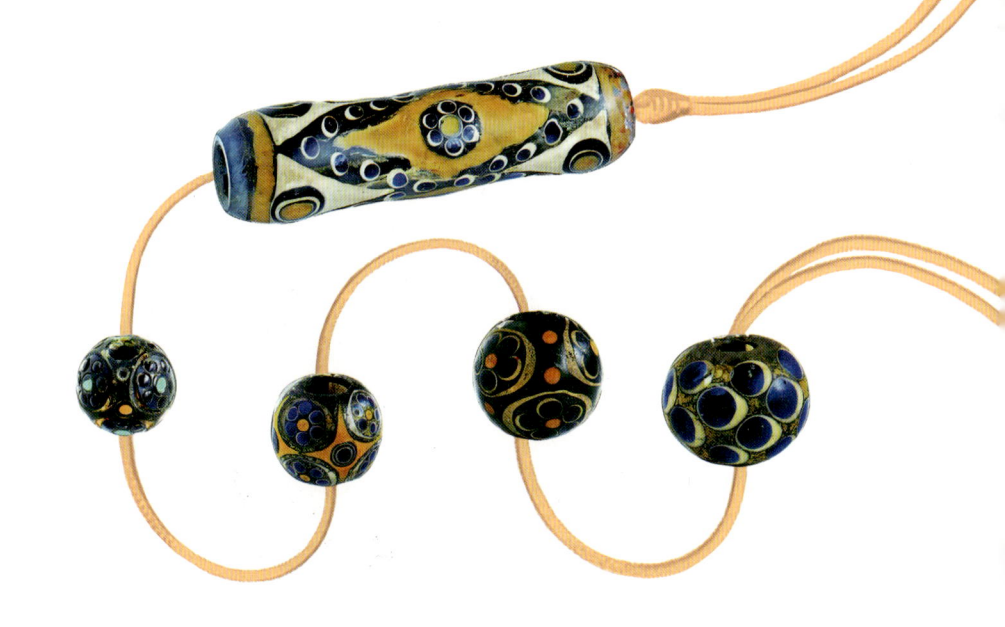

五彩蜻蜓伴蝶舞

云鬓理罢贴花黄

五山纹铜镜

战国

直径19cm

1958年湖南常德德山棉纺厂出土

作为梳妆用具中必不可少的铜镜，是古人用来照面饰容的器物，又名"鉴"或"照子"。楚人爱美勤梳妆，所以楚墓中出土的梳篦（bì）、铜镜数量也比较多。楚式镜数量多，制作工巧精细，纹饰富于变化，山字纹镜和蟠（pán）龙纹镜是其风格的典型代表。

这件五山纹铜镜是迄今所见最大的楚镜，五山即以纹饰中的"山"字纹的数量命名，山字绕钮排列。绕镜钮一周是五枚叶纹，山字纹间也夹有五枚叶纹。作为地纹的是细密而清晰的羽状纹。铜镜纹饰布局规整，富于变化，立体感强。

跽坐擎火听虫鸣

人物跽（jì）坐铜灯

战国
高45cm
铜人高28.3cm
灯盘径23cm
2002年征集

  这盏人物跽坐铜灯，由跽坐人、灯架和灯盘三部分组成。跽坐，是两膝着地、小腿贴地、臀部坐在小腿及脚跟上的坐姿。作为灯架底座的青铜跽坐人，发髻、衣饰清晰可辨，是我们了解楚国服饰文化的生动材料。
  铜人头梳偏髻，束发戴冠，身穿右衽（rèn）束袖长袍，腰间束有宽带，以带钩扣合；所戴小冠具有束发与装饰的功能；所穿的衣服是战国时流行的深衣，上衣、下裳连为一体。根据学者的观察，楚国无论男女，衣着皆趋于瘦长，腰身收束明显。

湖南人 095

人物龙凤帛画

战国

长31cm 宽22.5cm

1949年湖南长沙陈家大山出土

  这幅帛画是楚国葬礼中使用的招魂幡。根据楚人丧葬制度，招魂幡上的人物形象应为墓主本人。画面中一位女子双手合十，侧身而立，做祈祷状。她的前方绘有一只展翅飞舞的凤，与凤相对的，是一条体态扭曲、向上升腾的夔（kuí）龙。仕女身着的服饰，纤秀华丽，宽袖长袍绣满卷云纹，袍尾曳地，并向两边张开，状如花瓣，细腰上系着很宽的丝织大带。这种服饰属深衣类型，其衣服长度披地，超越了当时中原深衣"长毋披地"的限定；另外，衣服的领缘与袖缘之宽也早超过了古制深衣"纯袂缘、纯边广各半寸"的刻板规定，充满了楚地瑰奇、浪漫、神秘的氛围。

华采衣兮若英

冠切云之崔嵬

人物御龙帛画

战国
长37.5cm　宽28cm
1973年湖南长沙子弹库出土

　　此画描绘了墓主人乘龙升天的情景。画中墓主人腰佩长剑，手执缰绳，精神抖擞地驾驭着一条巨龙，龙尾站立一只白鹭，龙的前下方有一条鲤鱼游动，墓主人头上方为一顶伞盖。画中人物神采飘逸，宽衣博袖，头戴薄纱高冠，颈下结缨，衣服材质轻薄，纤长垂地。从这幅画可以看出，相比于同时代的中原深衣，楚人深衣样式显得更为生动活泼。整幅画意引人联想起与此画同时代的屈原诗句："带长铗（jiá）之陆离兮，冠切云之崔嵬（wéi）。"

　　整幅帛画线条流畅舒展，人物形象生动传神，被称为中国早期肖像画的杰出代表，人们将其与"人物龙凤帛画"一起并称为先秦绘画艺术中的双璧。

湖南人　097

098　湖南博物院

怪诞狰狞鬼魅惧

木雕镇墓兽

战国

高97cm　宽32cm

1980年湖南常德临澧（lǐ）县九里乡出土

　　镇墓兽是春秋战国时期楚国墓葬中独有的随葬物品，基本不见于其他国族的墓葬。楚国镇墓兽的造型有单头、双头、四头之分，或头插鹿角，面目狰狞怪诞。

　　这件木雕镇墓兽系用整木雕成，兽身作龙形，颈部弯曲，兽首作虎形，二目圆睁，口吐长舌，狰狞可怕。该镇墓兽通体髹（xiū）黑漆，龙身绘黄色鳞纹，底座上绘变形云纹。据《吕氏春秋》记载："荆人畏鬼而越人信祀。"镇墓兽是楚人特殊信仰下形成的独特葬具，有驱赶鬼魅、保护死者灵魂的作用，具有浓郁的巫术色彩。

第三单元
大一统下的小农家居

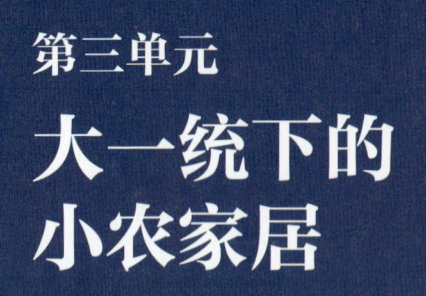

秦汉时期，湖南开始纳入中原政权统一管辖，在保留南楚社会习俗的同时，生活用具与其他地区呈现趋同现象。汉代提倡以孝治天下，盛行厚葬，墓中出土的各类器具和模型，便是当时小农社会的写照，反映了大一统后湖南的文明进程。

亭台楼阁谁家院

陶楼

东汉

高61cm　宽23cm　底层28.2cm

1973年湖南常德东江出土

　　湖南出土的大量汉代建筑模型多为简单的单层建筑，属于小农居所，与中原常见大型陶楼庄园式样不同。这件三层院落式陶楼，在湖南是极为少见的，它前设有院落，院门口双阙对峙。一楼正面仅有两个窄小的窗洞，大概是为了储藏功能的需要，二、三楼设有面积较大的直棂窗，利于通风和采光。三楼楼顶为庑（wǔ）殿式，正脊微弧，似有展翅欲飞之意。

湖南人　101

机关巧藏夜未央

胡人形铜吊灯

东汉
高29cm 长28cm
1974年湖南长沙征集

秦汉时期，湖南地区出土的灯具，材质有青铜、陶、铁、石等；功用上分座灯、行灯和吊灯，又有日常照明和祭祀专用之别；均以膏油为燃料。灯具造型种类多样，有以侍者、胡人、力士等为造型的人形灯，也有以牛、羊、雁等为形的动物灯，有的设计精巧，具有防风、环保的功能。这时期的墓葬多以灯具随葬，可见人们对照明用具的依赖。

这件胡人形铜吊灯由灯盘、储液箱、悬链三部分组成。储液箱做成一个卷发、深目、高鼻的裸体胡人形象，他双手捧持灯盘，灯盘锥体旁有个小输油口，储液箱中的膏油就是从这里输送至灯盘。当储液箱中的膏油用尽时，可以打开铜人臀部的箱门继续添加。三条悬链系于两肩与臀部，着力点选择非常准确，可以保证铜人吊起后灯盘依然保持水平。

"刾庙"牛形铜灯

西汉
高50cm 长40cm 宽25cm
1953年湖南长沙桂花园出土

这件"刾庙"铜牛灯，以牛为灯形，牛角中空，上与一带喇叭状罩的圆管互相扣合，喇叭口正对牛背上的灯盘，牛腹中空，可盛水。在点灯时，烟通过罩口进入圆管经牛角处进入盛水的腹中，保持了室内的清洁卫生，是较早的环保灯之一。

青烟袅袅凌紫霞

铜博山炉

西汉

高28.6cm 盘径29cm

1995年湖南永州鹞子岭泉陵侯墓出土

　　香用以洁室、杀虫、清洁衣被，也用于祭祀以通神明。汉初流行豆形镂空香炉，以香茅、辛夷等香料直接点燃，香气馥郁，但烟火气大。后因沉香、龙脑等香料传入，形成了树脂与本草的混合香，并受道教思想的影响，开始流行博山炉，盖镂空呈重叠山形，雕有飞禽走兽云气，下有盛盘装水，象征传说中烟雾缭绕的海上仙山。汉代乐府诗云："博山炉里百合香，郁金苏合及都梁。"

　　博山炉是汉代最具代表性的薰香工具，其造型象征汉代神仙家理想中的仙山。它的口边与盖边有钮，用链相连，盖上有山峰形突出和镂空纹饰，山峰中有线刻的怪兽，炉内焚香时轻烟缭绕，山景朦胧、群兽浮动，使人仿佛进入神话传说般的仙境。

湖南人　103

烧星炖月炊烟去

绿釉陶灶

东汉

灶高13.2cm 长34.9cm 宽19cm

1971年湖南长沙地质局子弟学校出土

该陶灶呈船形，灶面上开有3个圆形灶眼，每个灶眼都有一个陶罐或陶釜坐于其上，灶一侧开有方形灶门，另一侧有圆形出烟孔，胎体浅红色，灶面施绿釉，其上附着的陶罐和陶釜内外均施绿釉；随灶还同时出土小陶甑（zèng）一件，通身施绿釉。整个陶灶釉色明亮，釉面光洁，胎釉结合较好，是该类器形中的精品。

陶灶为随葬明器，常出土于汉代墓葬中，造型模拟实物，制作一般较为粗糙，是研究汉代墓葬制度和饮食生活不可多得的材料。这件器物造型特殊，绿釉保存完好，更属难得。

肉香扑鼻百味鲜

铜灶〔附甑（zèng）〕

西汉

高29cm　甑高6.5cm　直径11.2cm

釜，直径4.3cm　高8.2cm

灶，上口径9.5cm　下口径17cm

湖南长沙后冢出土

　　该灶由灶身、灶面、火眼、釜、甑组成。灶体为船首形，前有长方形灶门，后有烟道孔，灶身两侧有方形小钮，灶身无纹饰。灶面上一有火眼，上置一铜釜，釜上置有一甑。釜为小圆口、立颈、溜肩，肩有两系，圜（huán）底，肩下有一圈凸棱，用于卡在灶上。甑上有箅（bì）孔。

　　西汉中期以后的墓中，以明器陶灶随葬，多为素面，双火眼，至东汉时期火眼才增加。

桃面相对扮红妆

"见日之光"铜镜

汉代
直径14cm
1978年湖南长沙杨家山出土

爱美之心人皆有之，人们梳妆必离不开照面。远古时期，人们以水照面，铜器发明以后，人们将铜镜的表面磨光用以照面。汉代时，铜镜被普遍使用，在制作形式和纹饰设计上都有较大发展。这面铜镜，其实是一面古代的"魔镜"，它的镜面不但能照面，而且在阳光或者平行光的照射下，还可呈现出铜镜背面的纹饰与铭文，好似光线从铜镜透过一般。

鎏金博局纹铜镜

汉代
直径13.8cm
1978年湖南长沙杨家山出土

除了设计巧妙外，汉代铜镜的纹饰也很有看头。这件鎏金博局纹铜镜上装饰的是玩"博戏"需要用到的博局。博戏是中国象棋的"前身"，在汉代时风靡全社会，就连汉文帝、景帝都痴迷于此。博局则是类似棋盘的器具，人们将它装饰在铜镜上，使铜镜充满了生活气息。

阑珊玉佩饰霓裳

蟠螭（pán chī）纹鸡心玉佩

东汉
长6.9cm 宽4.6cm
1953年湖南衡阳蒋家山出土

　　鸡心佩，是韘（shè）形佩的俗称。韘形佩是从玉韘演变而来，多作椭圆形，上端出尖，中有一圆孔，近似于鸡心的形状。韘形佩两侧常透雕有龙、凤、螭等装饰，是汉代特有的一种玉佩饰。这件蟠螭纹鸡心玉佩，玉色黄白，中间呈鸡心形，一端尖，一端圆浑，玉佩两侧镂雕蟠螭纹，螭身用阴刻线毛片纹装饰。该玉佩造型新颖，琢磨精细，具有较高的艺术价值，是汉代鸡心玉佩饰代表性作品。

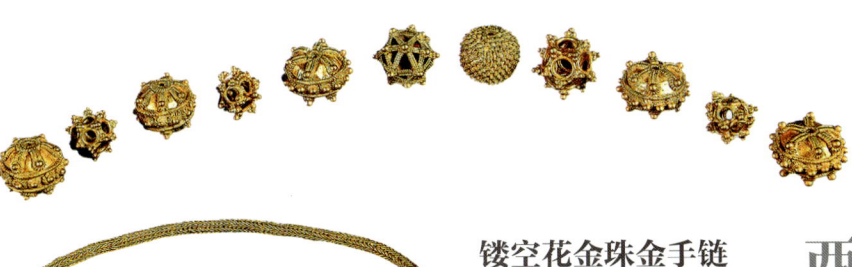

镂空花金珠金手链

东汉
金珠，直径1～1.5cm
金手链，长19.4cm 直径0.3cm
1959年湖南长沙五里牌出土

西来珠宝纤纤手

　　这组镂空花金珠共计11件，总重40克。珠体形制多样，有扁圆、六方、圆珠三种，多数是用细小金粒粘焊而成。扁圆形金珠外表饰鱼子大小的联珠纹，六方形金珠作镂空式，其中有4颗是用12个小金丝环连接粘焊而成，环与环之间的空隙处又粘3颗小圆珠，使其更加美观。

湖南人　107

滑石厨房

西汉
高27cm
长35.6cm
宽29.5cm
1974年湖南长沙阿弥岭出土

天上人间百味扬

滑石模型器是湖南地区汉墓的重要特色。其形状均仿自现实生活中的各类用品，包括厨房用具、饮食器皿、室内陈设等。滑石器具不仅反映了汉代人们视死如生的丧葬习俗，也是当时生活场景的再现。

滑石双鱼盘

西汉
高3cm
口径23.1cm
底径14.8cm
1973年湖南常德东口出土

饭稻羹鱼是水乡

此盘豆白色，浅折腹稍内收，平底无圈足。盘内以高浮雕手法雕刻双鱼。双鱼呈同向对称排列，刻画惟妙惟肖，生动可爱，身上鱼鳞层层细划，片片清晰，足见刀法精湛。因鱼繁殖能力强，且"鱼"谐音"余"，古代器皿中常见雕刻或描绘鱼纹，寓意子孙绵长、连年有余。该双鱼盘集文物、历史和艺术价值于一身，堪称一件新莽时期的艺术佳品。

第四单元
多元文化交融的社会风尚

晋、唐时期，中国都由南北分裂走向大一统。中原人口大量迁入，湖南经济快速发展，又因地处广州通商口岸与都城连接的必经之处，"物参外夷之货"，多元文化演绎出丰富多彩的社会生活。这一时期，瓷器日渐成为生活用具的主流，岳州窑（湖南省岳阳市湘阴县窑）、长沙窑、衡州窑相继发展，与生活需求无缝对接。

这一时期的瓷器种类繁多，应用于生活的方方面面，既有贮水、酒的大器，文献中或称为罂、瓮等，也有小巧美观的青瓷碗钵，还有可放置多种食品的"槅（gé）"等。随着生活水平的提高，饮酒器等日用品不仅具有实用功能，更多了审美意趣，体现出当时人们生活的惬意。

八珍玉食盘中列

青瓷槅（gé）

东晋

高5.2cm 口径20.8cm 足径21cm

湖南长沙南托力山村征集

　　此青瓷槅又名多子槅，即内部被分隔成若干小格，可放多种食品。有的格内还可以盛装小碗或安置酒杯，具有很好的稳定效果。

　　西晋至南朝时期，世家大族生活奢华，讲究饮食。左思在其名作《蜀都赋》中描写当时的宴饮场景说："金罍（léi）中坐，肴槅四陈，觞（shāng）以清醥（piǎo），鲜以紫鳞。"饮食的丰富多样促进了陶瓷槅的大量使用。南朝时期的墓葬中盛行随葬多子槅，有时在多子槅中还能发现食物的残迹。这种现象是古人事死如事生观念的反映。

烟火有道灰飞去

素胎灶

唐代

高16.3cm 长24.5cm 宽12.7cm

1971年湖南岳阳湘阴县城北桐子山1号墓出土

汉代以后，陶灶已有明显的地区差别，南北两个风格开始形成。北方多前方后圆式，多为一个火眼，火门上端有阶梯式挡火墙；南方多见尖尾弧背式，灶面为弧形而不是平面，后端呈尖圆形并略向上翘起，有烟孔。

南北朝时期，南方的火灶虽然还是那种弧背尖尾式，但却仿照北方的做法，在火门上方加上了阶梯式挡火墙，只是没有那么高大。

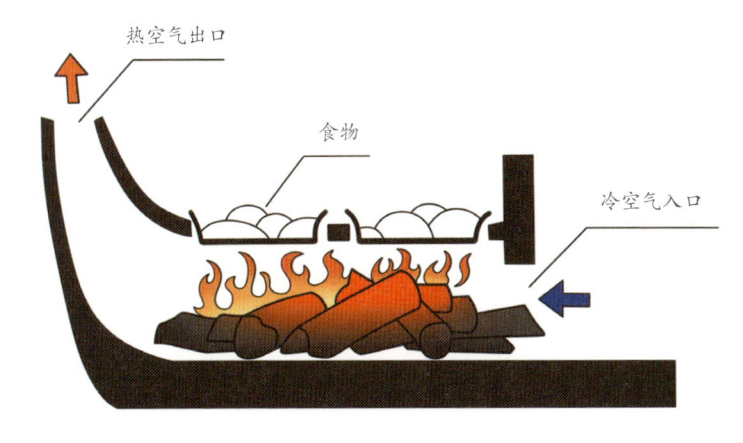

古代陶灶工作原理图

湖南人 111

密闭尘封不丢香

瓜棱形穿带青釉盖罐

唐代

高24.5cm　底径11.5cm

1957年湖南长沙烈士公园21号墓出土

　　此为衡州窑烧造，罐身直口，短斜颈，溜肩，长筒形腹，胫部下收，大平底，瓶腹作四瓣瓜棱形，上下安装对称四系以便穿带。盖作覆碗形，盖两侧有对称双系。胎色铁灰，胎体较重。上化妆土，施青釉不到底，釉色青黄，有细小开片，较易剥落。

　　衡州窑以青釉光素无纹为主，辅以刻、划花和印花。仰莲瓣纹是常见的刻、划花纹样，有的莲瓣瓣尖具有浅浮雕效果。印花装饰的时代稍晚于刻、划花，纹样有蝴蝶、菊花等，另外极少数的青瓷上还有褐彩装饰。这件唐代青釉瓜棱形穿带盖罐，虽青釉光素无纹，无任何刻、划花和印花的纹样，观之却朴实无华而显得沉稳大气。

一二知己三两杯

青瓷龙首盉（hé）

隋代

高14.2cm　宽18.4cm

1964年湖南长沙野坡出土

  盉是古人用来调酒的器具。该器器柄作龙头形，龙嘴似闭微张牙外露，龙眼突出鼻微翘，龙角龙耳贴于龙头，龙毛清晰分明，龙颈上的鬣（liè）毛仅用数刀表现到位。贴塑"山"形龙尾，直流作圆管形，对面贴塑鸡尾，造型新颖别致。胎色灰白，胎质较细腻。通体施青釉，玻璃质感强，蹄足上积釉厚重，透玻璃光泽，制作精良别致，是典型的湖南省岳阳市湘阴县窑产品，堪称隋代青瓷珍品。

须饮三杯万事休

"竹林七贤"瓷罐

唐代

高17cm 口径13.5cm 腹径18cm

长沙博物馆藏

  中晚唐社会风尚较盛唐有很大变化，酒具亦如此。湖南地区贮酒器由岳州窑高大的盘口瓶式，变为长沙窑矮肥的双系罐式，口多卷唇，便于密封，肩部双系可穿绳提携。当时文献多称为"酿瓮（甕）"或"酒瓮"，由于文人嗜酒之风盛行，时人喜在瓮上题诗作画，如白居易《题酒瓮呈梦得》，长沙窑酒瓮上的诗画便是实证。

  这件瓷罐的器身诗文为："七贤第一组：须饮三杯万士（事）休，眼前花撥（发）四枝叶。不知酒是龙泉剑，噢（吃）入傷（肠）中别何愁。"

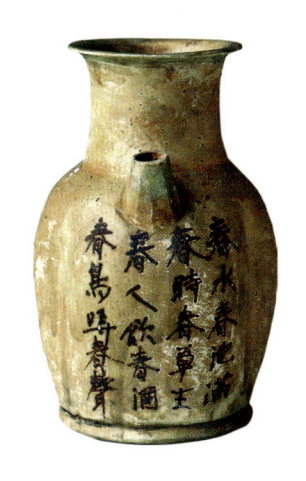

青釉褐彩"春水春池满"诗文瓷执壶

唐代

高19cm　口径9cm　底径10cm

　　长沙窑是第一座将书画艺术和制瓷艺术相结合的瓷窑，开辟了用诗歌警句装饰瓷器的先河，且有题材多样、形象生动的绘画作品。在作为酒具的执壶上，诗画皆位于流下腹部，注汤斟酒时易入人眼球，可与饮客相对，以助酒兴。

　　这件"春水春池满"诗文执壶流下用褐彩书五言诗一首："春水春池满，春时春草生，春人饮春酒，春鸟哢（lòng）春声。"诗中有情有景，有声有色，从写景到写人，以八个春字顺次描绘出春天带来的无限生机，句意简明，朗朗上口，诗趣盎然。这些民间诗文的出现，极大地丰富了我国古代的文学宝库。

诗酒肆意醉文章

青釉绿彩塔纹瓷壶

唐代

高24.8cm　口径3.4cm　底径11.3cm

　　这件青釉绿彩塔纹瓷壶，造型取材于北方游牧民族使用的一种可外出携带的轻便酒壶，两侧有系，以穿背带，前有多棱短流，后有执鋬（pàn）。

　　壶流下部以铁为着色剂绘有一座绿彩七级佛塔，塔纹比例匀称，绿彩鲜艳，风格独特。塔身两侧有两棵树木耸立，枝叶点绘，似风吹动，塔静树动相映成趣，具有强烈的艺术魅力。

湖南人　115

劝君终日勿酩酊

青瓷莲瓣纹盘口瓶

五代

高33cm 口径10.8cm 腹径18cm

1958年湖南长沙子弹库子弟学校出土

  盘口瓶因瓶口为盘状而得名。五代时受游牧文化影响,酒瓶出现新的造型,束颈盘口,便于灌注,分酒时可减缓流速;瓶身无执手,颈部恰一手之握。莲瓣纹俗称"佛花",是佛教文化影响下流行的纹饰之一,南北朝时期由于佛教文化盛行,瓷器上常用莲瓣纹做装饰。

  五代时期岳州窑烧造的青瓷以小件盘、碗居多,我们现在看到的这件青瓷莲瓣纹盘口瓶,是目前所见为数不多的大型器物。细颈,溜肩,腹部长圆,圈足外撇,瓶腹下刻画莲瓣纹。它通体施青釉,釉层较薄,胎釉结合并不紧密,可以看见釉面有剥落痕迹。

印花青釉茶碾

唐代
高14cm　长22cm
碾槽，1958年湖南省文物管理委员会拨交
碾轮，2016年征集

　　唐人饮茶，须先碾茶。所谓碾茶，就是把茶饼先烘干，烘出茶香后，用纸包好，以免茶香流失。待茶叶冷硬好后碾碎，而碾碎茶叶，就须用茶碾子。
　　瓷碾通体呈长方形，由碾槽，碾轮两部分组合而成。碾槽整体呈长方形，中部有一窄长弧形的沟槽，碾茶时能使碾轴在沟槽内来回转动。碾槽外壁施青釉，四周模印山峰、狮子等图案。关于碾轮，陆羽在《茶经》中称其为"堕"，呈车轮形，中间厚，边缘薄。碾轮中部有一圆孔，可穿木柄。

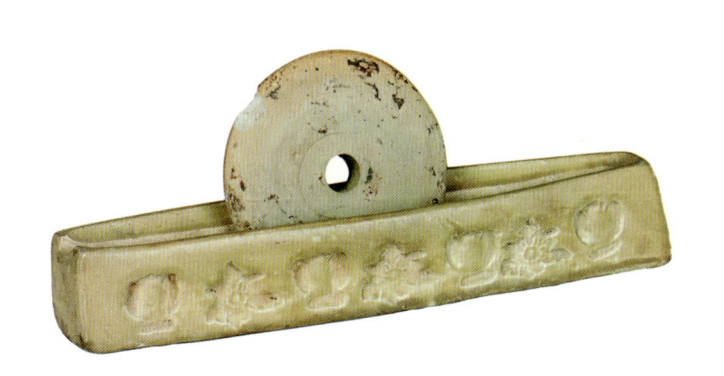

虚窗风度碾茶香

烹得活水好分茶

青釉褐绿彩飞鸟瓷执壶

唐代

高23cm　口径10.7cm　底径12～12.3cm

1983年湖南长沙望城县书堂乡古城村南岸嘴窑址出土

　　这件执壶的流下用褐、绿彩绘出一只振翅欲飞的凤鸟，它转头卷尾，极具动感，描绘出凤鸟"皎皎鸾凤姿，飘飘神仙气"的优美体态。

　　执壶主要流行于中晚唐时期，既可盛开水作为茶瓶或汤瓶用以注汤点茶，亦可盛酒作为酒注使用。

镂空瓷香炉

晋代
高9.2cm　口径13.4cm　底径10.5cm
1982年湖南岳阳汨（mì）罗县征集

　　魏晋南北朝时期是熏香文化发展的一个重要阶段。宫廷用香、文人用香与佛道用香共同推动了香文化的发展。六朝时期道教与佛教的兴盛，促进了香的使用和制香技术的提高。在日常生活中人们也以熏香为时尚，贵族子弟"熏衣剃面，傅粉施朱"，成语"荀令留香"便由此而来。这件晋代镂空双耳钵形器，造型简单，质朴自然，独具风格，熏香时，香气可从器壁上的镂孔散出。

慢火熏香到日斜

> **小知识：荀令留香**
> 　　汉语成语，是指汉末政治家荀彧（yù），人称荀令君，他到别人家里，坐过的席子好几天都有香味。后以荀令留香比喻美男子。出自《襄阳耆（qí）旧记》。

湖南人　119

蜡炬成灰泪始干

青瓷莲花烛台

唐代

高17cm 口径5.4cm 底径13.5cm

蔡季襄先生捐赠

烛台整体造型可分为三层，上层为托盘，中央一粗直圆管，外壁四道宽凹弦纹；中层略呈葫芦形，下半球外壁贴塑三层覆莲瓣纹，层层叠叠，美观大方；下层为喇叭形高足承盘。胎色灰白，胎质较细腻。釉面光亮，玻璃质感强，有细小开片，是典型湖南岳州窑产品。烛台造型雅丽，匠心独具，稳重美观的同时也非常经济实用。蜡烛插在顶端的圆管内，蜡烛燃烧，蜡泪下流，流入承盘，双承盘设计便于收集蜡泪重复使用，经济环保。

青釉褐彩狮座"日红衫子合罗裙"诗文瓷枕

唐代
高7.3cm 长13.1cm 宽8.1cm
1983年湖南长沙望城县书堂乡古城村蓝岸嘴窑址出土

枕得清凉夏日长

瓷枕流行于唐代,是长沙窑的大宗产品。湖南夏季天气炎热,高温持续时间长,寝具以凉爽为宜,于是季节性商品瓷枕成为人们生活中的必需品。瓷枕不仅是纳凉的工具,也是寄情的载体。枕上或书诗文,或绘双鸾,表达对爱情的向往;或以狮、犀等猛兽为座,既有辟邪之意,也含求子愿望。

这件"日红衫子合罗裙"诗文枕是长沙窑瓷枕中的极品,它造型奇特,以伏狮为座,枕面呈长方形,两端用褐彩绘龟背纹,中部用行楷书写诗文一首,将年轻女子对情郎的思念表达得淋漓尽致。前两句"日红衫子合罗裙,尽日看花不厌春"描写妙龄少女身着丝绸套裙,沉浸在明媚的春光里,整日专注等待心上人时的激动与企盼;后两句"更向妆台重注口,无那萧郎悭(qiān)煞人"描写女子虽多次来到化妆前,涂脂抹粉,然而她的"萧郎"却迟迟未来相见,让这番真挚的爱恋和苦苦的相思最终落了一场空。

湖南人

憨态可掬小瓷玩

褐釉瓷鸟／褐釉瓷猪／青釉褐彩瓷狗

唐代
瓷鸟，高5.5cm
瓷猪，高5.1cm
瓷狗，高3.5cm

褐釉瓷鸟

褐釉瓷猪

青釉褐彩瓷狗

　　长沙窑生产了大量的瓷质玩具。这组动物造型的瓷玩，形态各异，妙趣天成，形神兼备，其捏塑技术十分娴熟，反映了长沙窑工匠高超的工艺技巧。工匠们在创作瓷玩时，对儿童心理有较深的揣摩，造型多作萌态，堪与今日的动漫形象媲美。有的瓷玩腹部有小洞眼，可以吹响。这组婴孩形瓷玩，唐宋时被称为摩诃罗。摩诃罗本是佛教传说中的人物，传入中国后其含义发生变化，成为七夕佳节赠送新婚亲朋求子的吉祥物。

　　长沙窑生产的瓷玩在当时深入民间，广受欢迎，说明汉以来倡导尊老敬孝的同时，爱幼之风也悄然兴起。

窄衣小袖莲花舞

舞蹈人物青铜俑

南朝

高27.5cm

1983年湖南常德津市市孽龙岗南朝墓出土

  这件砖座舞蹈人物青铜俑是南朝时期的青铜器。舞蹈人双足并立于砖座上，侧首仰望，作嬉笑状，左手持莲花状物，右手握拳上举，形象生动，有很强的艺术感染力。

  最值得注意的是他的服装。他上身穿窄袖短衣，下着七分长裤，这种上衣下裤的服装是从北方少数民族地区传来的。南朝汉族传统服饰的风格是宽衫大袖、褒衣博带，但是出于活动便利的需要，这种上衣下裤的少数民族服装也被社会各阶层所接受。当时的服饰文化呈现一种兼容并包的趋势。

调得朱粉试新妆

"张"字款白釉绿彩粉盒

唐代

高4.9cm　宽5.3cm

1959年湖南长沙北郊龙坑子出土

唐人社会风气较为开放，注重妆扮，既沿袭六朝时期剃面傅粉之习，又追求时尚的浓妆抹。妆具繁多，粉盒多为瓷质。

这件"张"字款白釉绿彩粉盒是一种梳妆用具，器身近方形，转角处均做成葵口状，显得小巧、别致。该盒胎体轻薄，做工精细，是此类粉盒中的精品。瓷粉盒出现于唐，盛行于宋，常见于女性墓葬。唐代女子化妆分傅铅粉、抹胭脂、涂额黄、画眉、点口脂、画面靥、贴花钿七步，粉盒在这一过程中扮演着重要角色。

宝相花铜镜

唐代
直径12.2cm 边厚0.75cm

　　梳妆少不了铜镜，这件宝相花铜镜，布局清新明朗，线条流畅华丽。宝相花在唐代十分流行，它源自佛教，寓意吉祥美满，被广泛应用于金银器、石刻、织物和建筑之上。相较于汉代铜镜，唐代铜镜在造型上有了很大突破，创造出各种花镜，镜上纹饰除了一些传统艺术题材外，还增加了表现西方题材的海兽葡萄纹和表现现实生活的打马球纹等。

宝镜花面交相映

一字一句须商量

青瓷对书俑

西晋

高17.2cm　长15.5cm　宽7.8cm

1958年湖南长沙金盆岭9号墓出土

　　对书俑由捏制而后雕刻而成，通体施青釉，因胎釉结合不好，釉基本剥落，但俑的神态依然栩栩如生。俑头戴晋贤冠，身着交领长袍，相对而坐。中间置书案，案上有笔、砚、简册及一件手提箱，一人执笔在板状物上书写，另一人手执一板，上置简册。二人若有所语。根据俑的衣冠特征、人物神态，以及案上的文具，二俑似是文献中记载的校书吏形象。

　　俑所戴的晋贤冠是汉代以来文官的通用服，前高后低，上有横梁，横梁的多少代表其身份等级，俑冠上的梁只有一根，说明其身份较低。

海丝贸易见证者

贴花玻璃杯

唐代

高4.2cm 口径7.4cm 底径3.8cm

1987年湖南常德南坪七里桥出土

　　玻璃器自东周时传入中土，战国至西汉时期长成为玻璃器的制作中心，其后便失传。之后，玛瑙饰品、玻璃器皿等舶来品又陆续进入湖南地区，反映了湖南与海外经济文化交流之密切。

　　此件贴花玻璃杯，呈浅黄绿色，平底假圈足，口沿贴有黄色玻璃条，腹上部用蓝色贴料贴出一周连续弧纹。从玻璃杯的制作工艺推测，它可能产自今天伊朗的尼沙布尔，是我国目前所见唐代唯一一件进口的伊斯兰贴花玻璃器。

　　湖南地区在唐代时位于两广通往京城的南北要道上，洞庭湖成为域外商船辐辏之地，这件贴花玻璃杯应是由此传入湖南的。

牵驼架鹰游潇湘

胡人架鹰素胎俑

唐代
高32cm
1971年湖南岳阳湘阴县城北桐子山1号墓出土

　　胡俑是一种较为特殊的陪葬俑，目前已知的绝大部分胡俑出自隋唐墓葬，尤其是盛唐墓。相比唐三彩胡俑的盛名，岳州窑烧造的胡俑影响力较小，受关注程度不高，但是也发现了大量的胡俑，姿态各异，品类繁多。

　　此件胡人架鹰素胎俑高鼻深目，满脸络腮胡须，头戴幞（fú）头，身着圆领窄袖套袍，腰上系带，脚穿长筒靴，左手贴在身上，右胳膊上则立着一只鹰，生动地刻画了胡人的形象。

远方釉色长沙造

青釉褐斑贴花椰枣纹瓷壶

唐代
高22.2cm 口径11.5cm 底径15.8cm
2007年印度尼西亚征集

此壶流及系下饰模印椰枣纹贴花，上涂褐色斑块。胎色米红，外施白色化妆土，没上化妆土的部分颜色青黄，对比鲜明。壶通体罩透明青釉不及底，釉色均匀，光亮如新，略有垂釉现象。在窑址、遗址和墓葬中少有保存如此完整、釉面如此光亮的长沙窑瓷壶。

褐绿彩水草纹碗

唐代
高4.3cm 口径14cm 底径4.8cm
2007年印度尼西亚征集

1998年在印尼勿里洞海域打捞出水的黑石号沉船是一艘单桅合缝合帆船，船体由缅枷木采用绳索缝合捆扎而成，未使用铁钉。船总长度在20至22米之间，船舱负载量约为25吨。专家根据造船原料及技术，认为黑石号为来自西亚阿曼的商船。

黑石号上发现瓷器、金银器、铜镜等遗物6万余件，其中长沙窑生产的瓷器就达5.6万余件。这批长沙窑瓷器基本为实用物，碗、盘类较多，其次为执壶和其他器具。瓷器上的飞鸟纹、摩羯（jié）纹、胡人纹、花卉纹等都很有特色，有些纹饰是长沙窑为了适应西亚市场需求而从域外引入的。褐绿彩水草纹碗就是黑石号沉船所出唐代长沙窑瓷器。碗底所绘水草的画风率意，只求神似，不求形似，代表了唐人开放、自信的心态。

湖南人 129

坐镇江南保社稷

玉樽

东汉

高10.5cm　口径10.5cm

1991年湖南常德安乡县黄山头林场南禅湾西晋刘弘墓出土

　　刘弘是西晋名将，出身世家大族，因军功被封为镇南大将军，爵号宣成公。刘弘墓共出土文物81件，这批文物时代明确、完整精美。此件玉樽就是其中的一件。它是一件盛酒器，造型仿铜器。腹部纹饰分上下两层，上层浮雕对称的铺首衔环作为器耳，纹饰分为三组，包括在云海中翻腾的螭（chī）龙、两只头背对峙的长吻独角龙以及西王母和手持灵芝的仙人。下层纹饰也分为三组，包括持仙草戏螭龙的羽人、争夺仙草的独角兽与螭龙以及正在云中缠斗的熊与独角龙。玉樽的三足是三只缩首拱肩、憨态可掬的跪熊。从玉樽的纹饰风格来看，它应该是一件汉代遗物，作为古董被墓主人收藏。

青瓷骑马俑

西晋

高14.8～24.5cm

1958年湖南长沙金盆岭出土

长沙金盆岭21号墓是一座平面呈凸字形的砖室墓，墓砖上印有"永宁二年五月十日作"的篆字。墓内金属器皿早已被盗一空，仅存湘阴窑烧造青瓷器，包括各式俑、牛车、羊圈、谷仓等模型器，以及盘、槅（gé）等生活用具。

西晋时贵族出行多有仪仗，青瓷骑马俑便是这一形式的真切展示。前有骑马的鼓吹乐队、具装甲骑开道，后有持盾或背有箭箙（fú）的士兵殿后，中间是墓主乘坐的牛车、鞍马，旁为男仆女婢等随从。特别值得一提的是，这套仪仗俑鞍马上的单马镫是国内有关马镫使用情况最早的见证物。

衣冠南渡梦北归

清音悠悠伴长眠

青瓷对乐俑

西晋

高16.5cm 长14.6cm 宽6.8cm

1958年湖南长沙金盆岭9号墓出土

两个俑头戴尖顶帽，身着交领长衫，相对而坐。一俑弹琴，一俑吹箫，中间置圆盘，盘内盛放什物。两俑似在表演曲目，又似在切磋技艺。金盆岭9号墓还出土了一座青瓷对书俑，也是对坐在长方形的底板上，中间置物，在器物塑造上两者有着异曲同工之妙。从衣冠看，对乐俑和对书俑的身份不高，可能都是为墓主人服务的。对书俑和对乐俑出土于有准确纪年的墓葬——西晋永宁二年墓，它们是研究西晋文化娱乐生活的重要实物资料。

唐朝之西洋乐队

青瓷奏乐俑

初唐

高16.2～18cm　底长6.2～6.7cm　宽5.1～6.3cm

1976年湖南长沙咸嘉湖唐墓出土

　　咸嘉湖唐墓早年被盗，清理时已不见贵重金属器，但出土了大量岳州窑青瓷，包括各类俑和生活器具。根据随葬品的规格和数量，墓主应为初唐刺史级官员。出土物反映墓主生前出行卤簿、生活起居及死后葬仪等方方面面，不仅包含诸多中原文化习俗，也有西域文化因素，体现了多元文化交融的大唐气象。

　　墓中出土的这五件青瓷奏乐俑均头绾高髻，身着袒胸窄袖百褶裙。奏乐俑手中的乐器包括拍板、拍鼓、钹（bó）、箜篌（kōng hóu）、箫五种。拍板多用檀木制造，故又名檀板，是一种节拍乐器。同样作为节拍乐器使用的还有那件亚腰形状的拍鼓，拍鼓又名羯（jié）鼓，盛行于唐代，据说唐玄宗特别喜欢演奏羯鼓，因此而打折的鼓杖就有好几箱。箜篌形似竖琴，但体量略小，奏乐者可以左手托举，右手弹奏。拍板、羯鼓与箜篌都是从西域引进的乐器。从这些陶俑"窄袖小衫"的衣着，到乐队所用乐器的组合，我们都可以看到西域文化在初唐的流行。

湖南人

第五单元
重心南移后的品质生活

宋代经济重心南移后，湖南的经济、文化地位逐渐上升。在文人审美导向的影响下，人们更加追求生活的品质与情趣。作为茶酒重要产地的湖南，饮茶品酒的方式推陈出新，用具考究，宋代茶具、酒具由共用变为专器专用，成为湖南各大窑口的大宗产品。不同时代、阶层与区域的饮茶方式不同，茶具也有差异，体现了社会生活的时代性与多样性。另外，棉纺织业在湖南大力推广，元明时期棉布成为衣着主料之一。明末南美作物的引入，改变了传统的饮食结构，辣椒成为湘菜的主要特色，也演绎成湖南人的性格标签。

茶禅一味自体会

"喫（chī）（吃）茶去"瓷碗

宋代
高5.5cm　口径12cm　底径4.3cm
湖南湘潭湘乡市棋梓桥窑出土

　　自宋代以来，湖南一直是全国茶叶和茶具的重要产地之一。受宋代点茶习俗的影响，长沙窑、衡山窑等宋代名窑烧制的茶具器型雅致，功能齐备，包括执壶、汤瓶、茶盏、渣斗等多个品类。

　　这件宋代茶碗，内壁书有"喫（吃）茶去"三字。"吃茶去"是唐代禅僧从谂（shěn）著名的口头禅。据记载，曾有两位僧人来禅院拜会从谂，从谂问他们可曾到过此处，二人一答"曾到"，一答"不曾到"，从谂都让他们"吃茶去"。禅院院主不解而问，从谂却突然招呼他，院主刚一应声，从谂又对院主说："喫（吃）茶去。"这段禅宗公案反映了"茶禅一味"的道理。"吃茶去"茶碗借用这段公案，点明了茶碗的用途，说明两宋时期随着饮茶习俗的普及，茶具和酒具已经分开使用。

湖南人　135

青花"蒙恬将军"玉壶春瓷瓶

元代

高30cm　口径8.4cm　足径9cm

1956年湖南常德窖藏出土

　　玉壶春瓶是宋元时期常见的酒器,因其造型线条圆润、优美流畅,在明清时逐渐演变为陈设器。早在唐代,人们就喜欢把"玉壶"或"玉瓶"作为酒瓶的美称。国内保存的元代青花瓷器数量不多,绘有戏曲人物故事的元青花更是少见。此瓶造型优美,撇口,细长颈,圆腹且下垂,圈足,形体秀美。饰釉下青花。内口沿绘如意头,圈足为卷草纹,腹部主纹为人物故事。中间头戴凤尾高冠、身着甲袍的武将正是蒙恬。后立武士双手握书有"蒙恬将军"的大旗。前一武士抓一跪着的俘虏,另一武士似作汇报,人物间点缀以怪石、篱笆、芭蕉、竹叶、花草等,画面繁而不乱。此瓶为元代青花瓷中的精品。

一　曲杂剧青花瓷

劝君更尽一杯酒

双龙纹银托盏

元代

盏口径8.8cm　高17.8cm　托口径16.9cm

1996年湖南常德临澧（lǐ）县柏枝乡征集

　　银托盏是宋元时流行的劝酒杯。盏体为双层结构，外盏腹部錾（zàn）刻回旋翻滚的海浪，其间捶打出一对尾端相接环绕杯身的螭（chī）龙，它们腾身跃起，高出盏沿的部分恰好用作盏耳。内盏口沿錾刻一周水波纹，盏底錾折枝牡丹。盏托盘心錾刻一对折枝牡丹，外缘捶打出两条相向而舞的双螭。银盏上配有一个极轻极薄的瓜蒂钮银盖。

青花双鱼纹大瓷盘

元代
高7.9cm　口径45cm　底径25cm
1956年湖南常德窖藏出土

  这件元青花双鱼纹大瓷盘，盘心绘有两条鲤鱼，于水藻睡莲之中游戏，一条悠闲平缓前游，一条扭体摆尾向上跃，自然生动，情趣盎然。以鱼纹作为装饰可追溯到史前。鱼多子多产，象征多子多孙多福，又寓意"生活富裕"。大型食盘的流行是社会普遍采用合餐制的明证。

  元青花所用青料分为两种，一种为高锰低铁的国产青料，青花呈色青蓝偏灰黑，大多绘在卵白釉的小型器上，如高足杯、三足炉等，所绘之花纹简洁疏朗且构图简单、写意；另一种则为低锰高铁的进口青料，俗称"苏麻离青"，此青花呈色青翠沉着或靛青泛紫，发色浓重艳丽，在青料浓厚处还有黑色的小斑点，是一种铁锈疤痕，在此大盘上便处处可见这种标志性的"黑疵（cī）"。这种进口青料大多绘在青白釉的大型器上，所绘之花纹繁密丰富、构图层次分明而写实。湖南博物院收藏的两件元青花双鱼纹大瓷盘均由进口青料绘制，是元青花瓷器中的精品。

双鱼闲戏莲叶间

笑看儿童嬉荷莲

童子荷莲纹夹衣残片

北宋

长43cm 宽40cm

1973年湖南衡阳衡阳县何家皂1号墓出土

  这件童子荷莲纹夹衣残片的质地为绫。绫是中国传统丝织物，盛行于唐宋。传统花绫一般是以斜纹组织为地，再于其上起单层的斜纹暗光织物，这就是所谓的"斜纹地上起斜纹花"，这种工艺使得绫织物光滑柔软，质地轻薄。夹衣残片上的纹饰为童子在缠枝或对枝的牡丹、莲花之中嬉戏玩耍的场面，童子的形象憨态可掬，牡丹和莲花栩栩如生，具有较强的艺术感染力。

湖南人　139

男式棉长衫

宋末元初
衣长143cm　袖长250cm
1985年湖南怀化沅陵县黄澄存夫妻合葬墓出土

　　宋末元初是棉花种植大发展时期，元世祖时曾在包括湖广行省在内的五地设置木棉提举司，这是政府设置棉花专管机构的开始。从此以后，棉花与丝、麻并驾齐驱，逐渐成为我国人民衣着的主要原料。

　　这件男士长衫出土于一座保存完整的夫妇合葬墓，墓主为黄澄存夫妇，墓中出土随葬品共133件，其中有保存完好的衣、裤、鞋、袜、被等40余件，还有成幅的绢、锦、绫及刺绣品等。这件长衫的样式为交领右衽（rèn）袍，窄袖、束腰、宽摆。整件长衫用棉布裁成，说明在元代，棉质衣物已经进入了百姓的日常生活，棉布成为大众广泛使用的衣料。

丝棉轻软裹衣身

绣花荷包

元代

长21cm　宽14cm

1988年湖南岳阳华容县元墓出土

　　这件绣花荷包出土于华容县元墓，墓主人是一位女性贵族，墓中共出土73件衣物，有袍、裤、裙、抹胸、方巾、荷包等。目前元代妇女绣花荷包实物殊为罕见，而这件荷包形制完整，纹样丰富，刺绣精美。荷包一面右边绣有一棵松树，上有祥云飘浮，下有仙鹤展翅。树下站有一人，左手持花，右手下方有一提篮，两边有梅花鹿、乌龟各一只，似在抬头仰望；另一面中间也绣有一棵松树，树下有两只形似小熊的动物在嬉戏。荷包上所绣的松树、祥云、仙鹤、梅花鹿及乌龟在中国文化中都具有长寿寓意。这些丰富而精美的纹饰也反映了当时人们的审美情趣与生活习俗，对研究元朝社会生活具有特别重要的价值。

锦绣香包福寿绵

黄衣紫衣权贵衫

山形纹绸夹衣

明代

衣长92cm 长162cm 袖口宽62cm

1972年湖南邵阳省林业汽车第四中队发掘出土

元代服饰融入了很多北方游牧民族的式样，到了明代基本恢复了汉人传统服装，圆领服饰又重新流行，上衣有拉长的趋势；女子则常着短衫长裙，盘扣开始流行。这是一件紫色棉质夹衣。夹衣是有面有里的双层衣服，中间不衬垫丝絮或棉花，适合春秋穿着。明代禁止平民百姓穿着黄色与紫色的衣服。这件夹衣的主人是明朝宗室江川郡王的王妃，所以享有穿着这件紫色夹衣的特权。

第六单元
从宗族社会到近代化

宗祠是古代宗法制的集中体现。"聚族而居，族必有祠"，祠堂、族谱是维系宗族的纽带。作为家族祭祖、聚会、议事的公共场所，祠堂内多搭建戏台，借助戏曲明人伦、兴教化、凝聚族人。

宋时开始倡导建立家族祠堂，明清官府采取宽容态度，宗族势力逐步强化，宗族村落构成社会基层的主要形态，官府对基层的管理多借助宗族势力。鸦片战争后，岳阳、长沙开埠，打开了洋货入湘的大门，加上洋务运动的推行，湖南较早于内地其他省份开始了近代化进程。

湖南人

满村尽是同族人

唐家老屋

清代

湖南怀化会同县高椅乡唐洲村

唐家老屋位于会同县高椅乡唐洲村,是唐氏宗族聚居之地。唐氏祖先最初从江西迁入会同,康熙五十五年(1716)再迁于此,逐渐发展成村落,延续时间长达数百年。村中有宗族祠堂。唐家老屋住宅的选址依山傍水,兼具农田水利的便利与环境的清幽宁静,非常适合后代的繁衍生息。

老屋门外高挂的"绩冠群英"牌匾颇引人注目,正堂正中间摆放着香案和八仙桌。进门左右两边为卧室,卧室地面铺设架空木地板,室内摆放着各式家具。堂屋顶头左边是杂物间,右边为厨房。二楼中间为大厅堂,左右两边分别是卧室和储粮室。屋中的陈设和家具兼有清末、民国与当代不同时期的式样,这实际上是社会风貌变迁在百姓家居生活中的反映。

梅花五星共见证

粤汉铁路总工会会员证

1922年
直径3.8cm

证章为景泰蓝八瓣梅花形，用铜胎压制而成，中间嵌有白色八瓣形珐琅，珐琅中央嵌有一颗红色五角星，五角星中有中国共产党党徽图案。"粤汉铁路总工会"7个金色字按逆时针方向围在五角星的上半部。证章背面号码为3643。粤汉铁路总工会是全国铁路工会中成立最早的统一组织，在声援京汉铁路工人罢工和推动湖南工人运动方面都发挥了重要的作用。此证保存完整，是反映湖南工人运动的重要见证物。

湖南人　145

第五部分

湘 魂

千百年来世居住民的血性，历代移民的开拓精神，稻作农耕的协作互助，共同演绎出湖南人的性格特征，经屈贾忧乐文化的洗礼、书院的传承沉淀，孕育出湖南近现代名人群体涌现的人文奇观。尤其近代以来的多次变革，往往湘人首开风气、高举大旗、引领潮流，彰显以天下为己任、为苍生谋福祉、舍我其谁的担当精神。

书院尚文传百世

浏阳文靖书院祭器
元代

此套祭器现存共52件，为浏阳文靖书院所用，部分祭器刻有"大元大德乙巳四月贰日丙午，潭州路浏阳州文靖书院之宝始供祀，吏铣（xiǎn）山修司，其永保用"铭文。这是目前所知年代最早、有确切纪年并成套的书院祭器，为研究湖南书院教育、理学传承提供了珍贵的实物资料。

文靖书院创办于宋，理学家、浏阳县令杨时曾于城南讲学，后人建书院以其谥号为名。

以下祭器是其中的铜豆、象形铜尊和一组铜盨（xǔ）。

湖南人 147

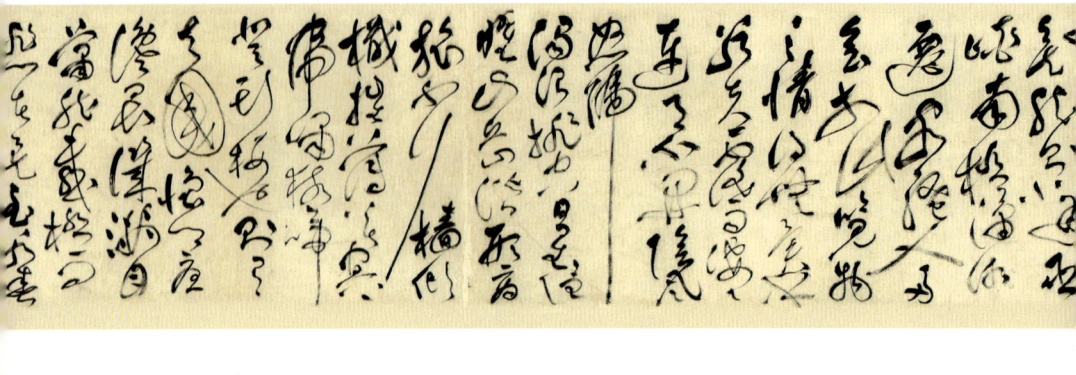

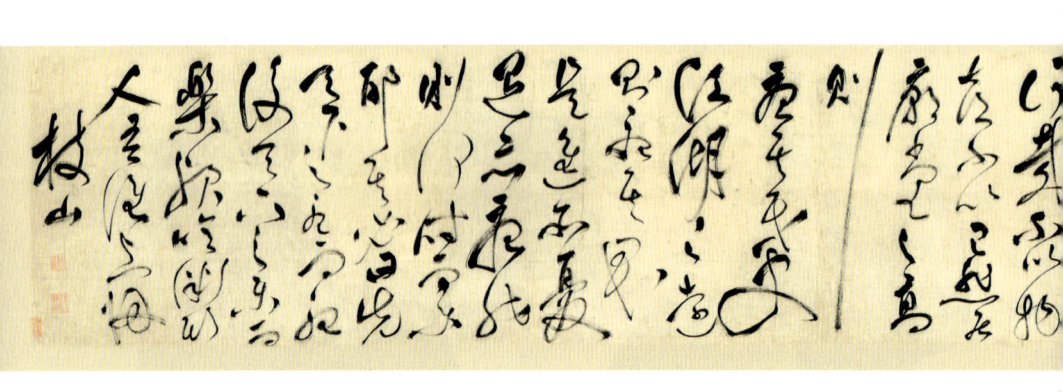

先忧后乐励后人

祝允明草书《岳阳楼记》

明代
纵40.5cm　横620cm

　　祝允明,号枝山,善诗文,尤精书法。书家下笔果敢苍劲,运笔豪放狂纵,行笔沉着痛快。
　　《岳阳楼记》是北宋文学家范仲淹应好友滕子京之请,为重修岳阳楼创作的千古名篇。当时滕子京因受到"擅自动用官

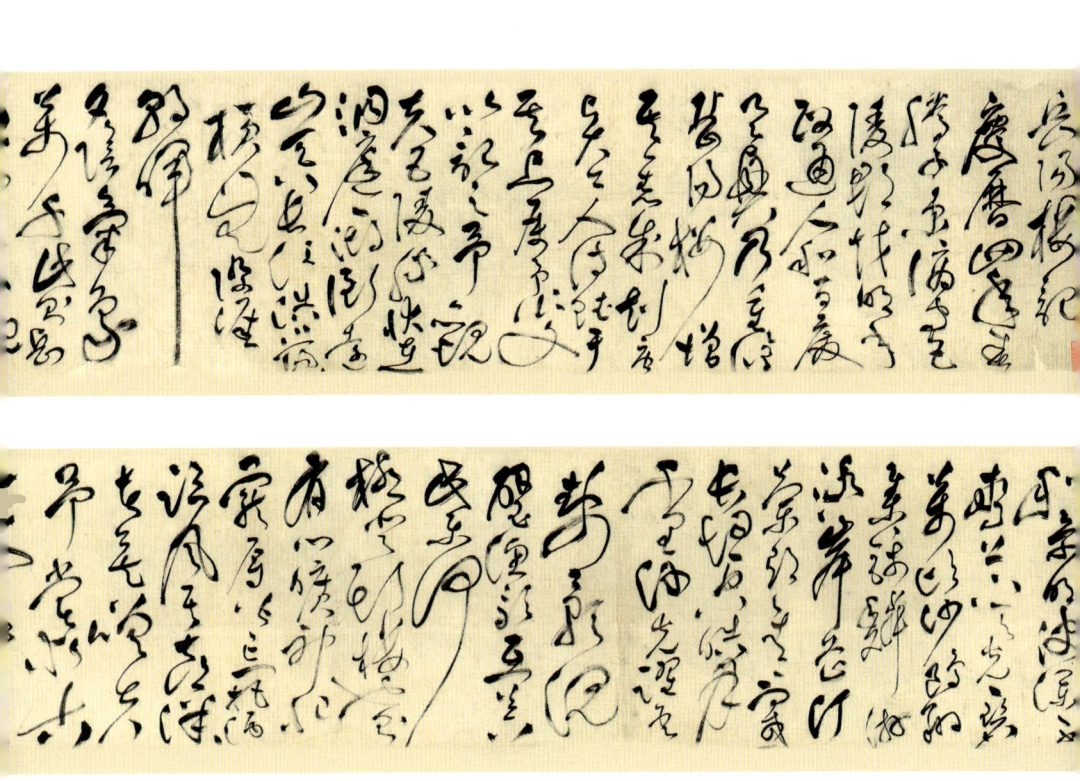

钱"的诬陷，被贬至岳州巴陵郡，而范仲淹随后也因新政失败被贬。同是天涯沦落人，范仲淹在《岳阳楼记》中，借楼写湖，凭湖抒怀，以叙议结合的方式表达了一种济世情怀和乐观精神。文中名句"居庙堂之高则忧其民""先天下之忧而忧，后天下之乐而乐"，与屈贾的忧乐精神一脉相承，激励了一代代湖湘子弟。

礼乐正脉天下闻

编钟

清道光至清光绪

高28.4cm　舞径15.4cm

口径15.5cm　腰径21.4cm

编钟共12件，分别为：倍林钟、倍南吕、倍应钟、大吕、夹钟、仲吕、林钟、南吕、应钟、半大吕、半夹钟、半仲吕。

龙纹编磬（qìng）

清道光至清光绪

高29.5cm　长47.5cm　厚2.2cm

编磬12律分别为：黄钟、大吕、太簇（cù）、夹钟、姑洗、仲吕、蕤（ruí）宾、林钟、夷则、南吕、无射、应钟。

小知识：黄钟大吕

黄钟大吕，形容音乐或言辞庄严、正大、高妙、和谐。
黄钟：古代韵分十二律，阴阳各六，黄钟为阳律第一律。
大吕：阴律第四律。
此成语出自《周礼·春官·大司乐》："乃奏黄钟，歌大吕，舞云门，以祀天神。"东汉末年儒家学者郑玄注释："以黄钟之钟，大吕之声为均者，黄钟阳声之首，大吕为之合。"

济世救民为社稷

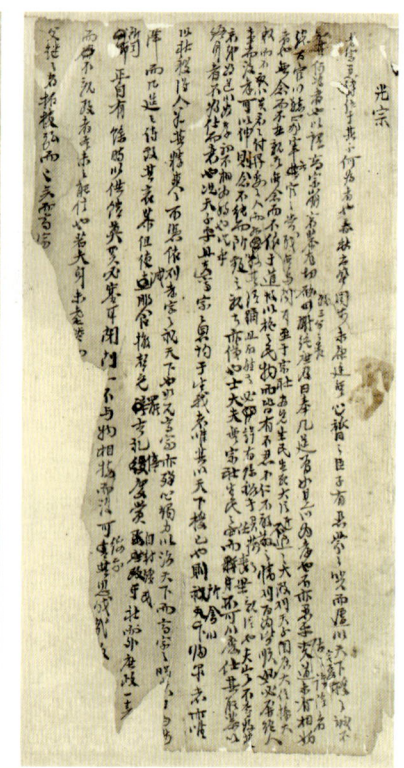

王夫之《宋论三篇》手稿

明末清初
纵26.5cm　横13.4cm

　　书院教育培养了大批经世爱国人才，他们自觉继承屈贾忧乐精神，关心苍生社稷甚于自我安危。王夫之是湖南衡阳人，世称"船山先生"。他曾于岳麓书院求学，接受了"济世救民"的思想，明末积极投身抗清活动。到了晚年，他隐居不仕，潜心著书100余种，成为宋明理学的集大成者，其学术思想对清中期之后的湖南士林产生了深远影响。《宋论三篇》和《船山遗书》是王夫之的代表作品。

"御赐绥疆赐祜（hù）"双狮钮水晶印
"御赐印心石屋"狮钮水晶印

清道光
高11cm　边长8.5cm
高12cm　边长8.3cm

　　陶澍（shù）是嘉庆道光时期经世思想的代表人物，近代经济改革的先驱，对魏源等人有很深的影响。陶澍幼年时随父亲在家乡洞庭湖资水边的潭心之上建屋子读书，屋下的石头方正如印，名曰印心石，而"印心石屋"也因此得名。道光十二年（1832），陶澍到海州后，果断废除了纲盐制，改为标盐新法，成效显著，使得地方社会秩序安定，市场繁荣，百业兴，因此道光皇帝召见并褒奖了陶澍，还亲笔书写"印心石屋"匾额赐给他。后来陶澍就将御书"印心石屋"刻于这枚狮钮水晶印上了。

　　陶澍为官期间，用其所学，致力于政务，实施系列改革，治理漕运，倡办海运，革新盐政，政绩卓著，道光帝特赐"绥疆赐祜"四字，意为"安抚疆土、赐福于民"，以示褒奖。道光十七年（1837），他将"绥疆赐祜"四字刻于双狮钮水晶印上，以作子孙永保。狮钮雕刻雄放，印体大气，印文遒劲精美，弥足珍贵。

安抚疆土造福民

湖南人　153

师夷长技以制夷

《海国图志》书影

清代

纵27.4cm 横14.5cm

　　《海国图志》是清代启蒙思想家、政治家、文学家魏源所著，是一本详细介绍西方历史和地理的专著，书名中"海国"的含义是海外之国。书中征引中外古今近百种资料，系统地介绍了西方各国的地理、历史、政治状况和许多先进科学技术。

　　这本书可以说是一部划时代的著作，它提出的"师夷之长技以制夷"，打破了传统的夷夏之辨的文化价值观，树立了"五大洲、四大洋"的新的世界史地观念，传播了近代自然科学知识以及别种文化样式、社会制度、风土人情，拓宽了国人的视野，开辟了近代中国向西方学习的时代新风气。

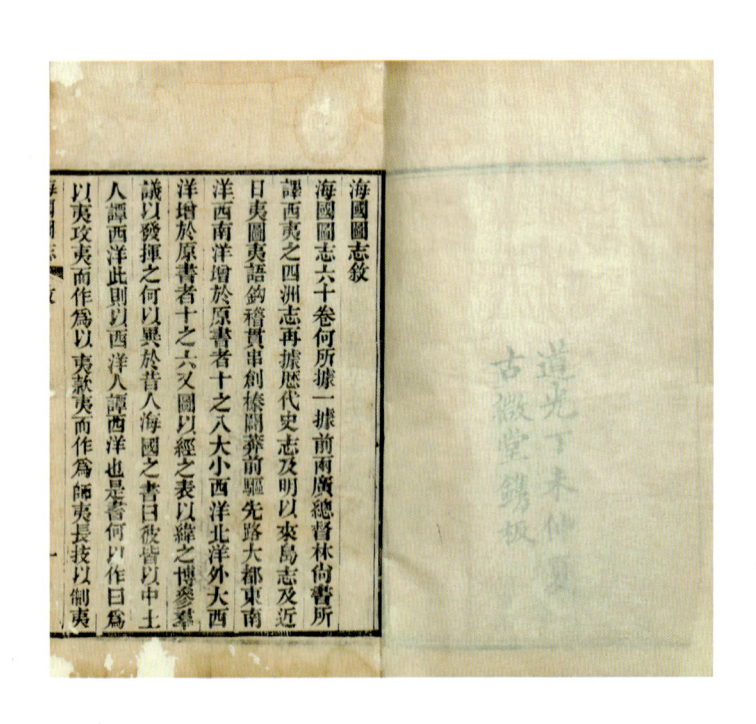

行书横幅"刚正翔实"

清代

纵48cm　横170.2cm

  曾国藩不仅是中国近代政治家、战略家、理学家、文学家，还是湘军的创立者和统帅。道光十八年（1838）他中了进士，后创立湘军，官至两江总督、直隶总督、武英殿大学士。毕生深究理学、文学，被奉为桐城派后期领袖。后来他成为洋务运动的积极倡导者和实践者，筹设第一家近代军事工厂——安庆内军械所，创办第一家新式工厂——江南机器制造总局，创设第一家翻译印刷西方书籍的翻译馆，促成了第一批留学生赴美，为国家培养了大批栋梁之材。

  曾国藩在书法上也有突出成就，只不过一直被他历史上的重大影响所掩盖。"刚正翔实"行书横幅既有阳刚之气，又蕴含阴柔之美，刚中有柔，给人一种雍容大气的儒将风范。

中兴之将造栋梁

湖南人

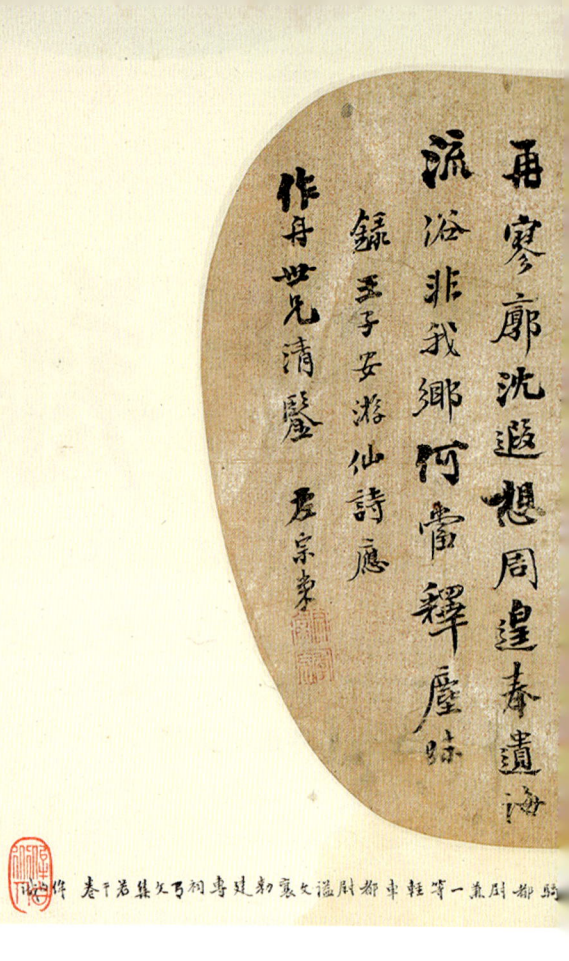

治世安邦气高壮

行书扇面

清代
纵34cm　横60.5cm

此扇面上的小行书出自左宗棠之手。

左宗棠（1812—1885），字季高、朴存。湖南湘阴人。清道光十二年（1832）举人，负治世安邦之才，气高胆壮，一生军功卓著。曾以60多岁高龄领兵驱逐沙俄，收复天山南北路。官至太子太保，封一等恪靖伯，谥文襄。他擅长书法，行书瘦

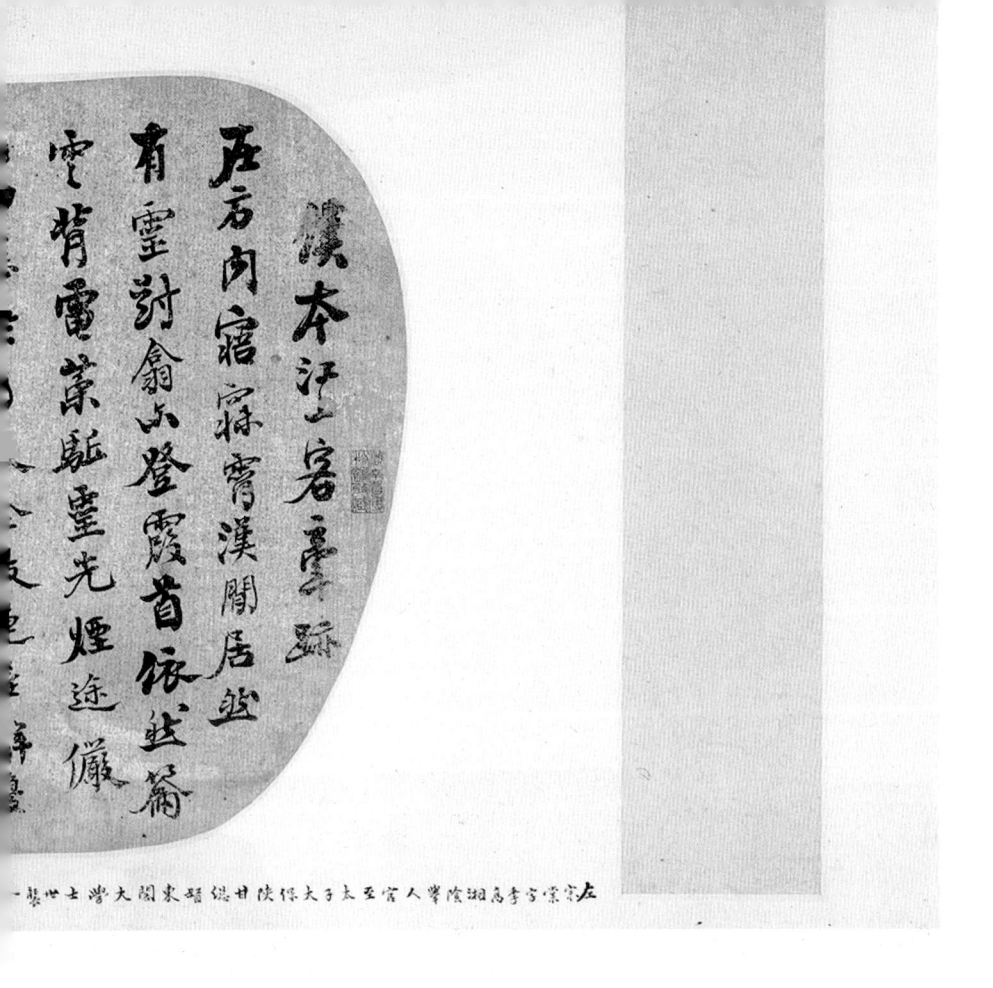

硬峭劲，篆书严谨而宽绰，人称"左篆"。

此团扇录王勃诗《忽梦游仙》："仆本江上客，牵迹在方内。寤寐（wù mèi）霄汉间，居然有灵对。翕（xī）尔登霞首，依然钥（躡）云背。电策驱灵（龙）光，烟途俨鸾态。乘月披金帔（pèi），连星解琼佩。浮识俄易归，真游渺（邈）（miǎo）难再。寥廓（kuò）沈（沉），遐想，周遑（huáng）奉遗海。流俗非我乡，何当释尘昧。"此诗意境超拔，配以文襄公绝妙的小行书，可谓相得益彰。旁徐桢（zhēn）立的题跋中提到："盖代伟人，即小道艺能亦过人如此。"评价颇为中肯。

湖南人　157

我以我血荐轩辕

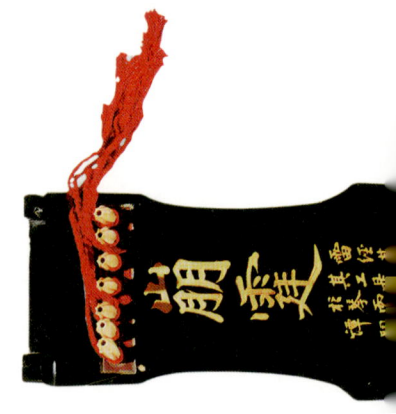

"崩霆"七弦琴

清代

长117.5cm 琴额宽16cm
肩宽18cm 琴尾宽12.7cm

该琴为清末湖南名人谭嗣同生前使用之物，做工考究、精美。琴、剑为古代文人雅士修身养性的必备之物，亦儒亦侠，刚柔相济，琴能让人雪躁静心，感发心志，升华心灵意境。谭嗣同少年便有"剑胆琴心"的美誉，17岁时，宅院中一梧桐被雷劈倒，他以其残干，制成"崩霆"与"残雷"两张七弦琴。"崩霆"琴和"七星剑"是其忠实伴侣，变法时曾被携带进京。

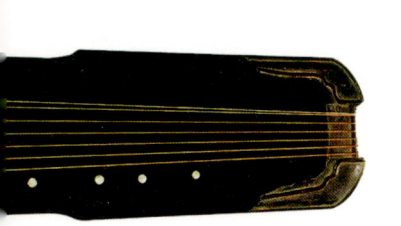

长沙马王堆汉墓陈列

  1972至1974年发掘的长沙马王堆汉墓，是西汉长沙国丞相、轪（dài）侯利苍一家三口的墓葬，共出土了3000多件珍贵文物，是20世纪世界最重大的考古发现之一。保存完好的墓葬结构及丰富的随葬品，完整呈现了汉代生活方式、丧葬观念。700余件工艺繁复的精美漆器，反映了汉代髹（xiū）漆业的辉煌成就；500多件织精绣美的丝织衣物，力证了西方文献中"丝国"（Seres）的记载；逾50篇"百科全书"式的简帛文献，传承了先哲们的学识与智慧；诡谲奇幻的彩棺帛画，蕴含了汉代的升天幻想及永生渴望；宛如梦中的千年遗容，创造了人类防腐技术的奇迹……马王堆汉墓是人们了解2000多年前社会风貌的窗口，被誉为汉初历史文明的标杆。

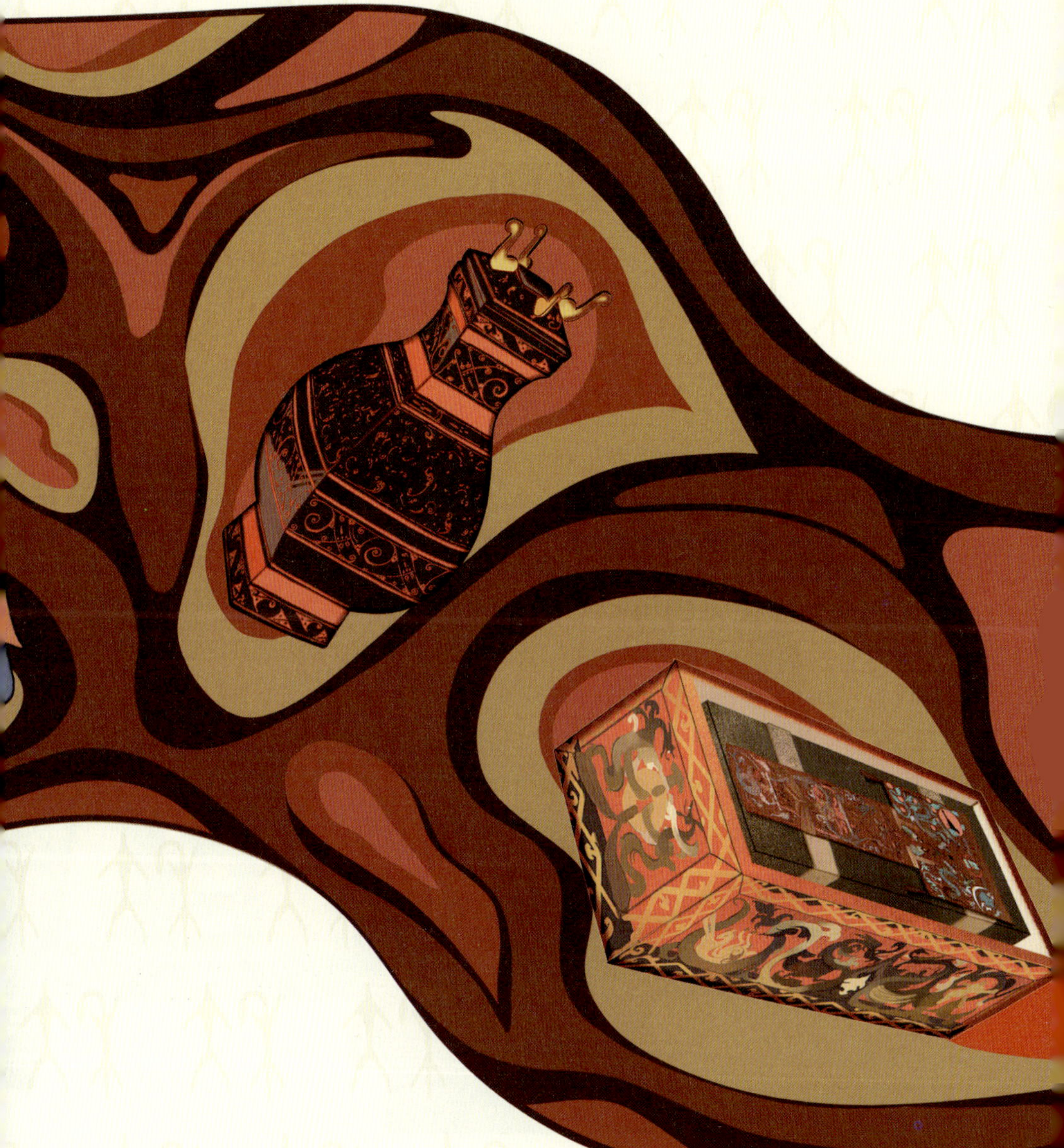

长沙马王堆汉墓
陈列展厅示意图

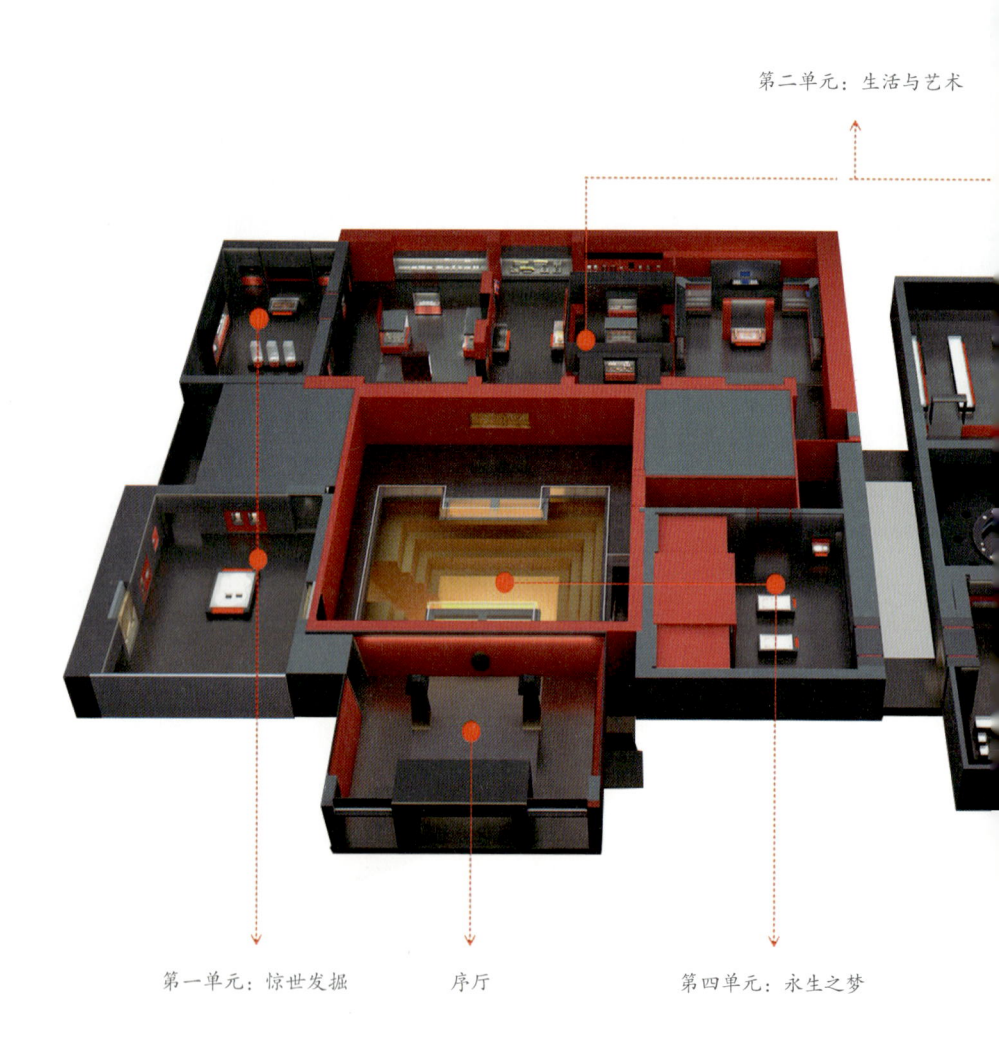

第二单元：生活与艺术

第一单元：惊世发掘　　序厅　　第四单元：永生之梦

三单元：简帛典藏

长沙马王堆汉墓 163

第一单元
惊世发掘

20世纪70年代,当时驻扎在马王堆附近的解放军第366医院(今武警湖南省总队医院)在修建地下病房和仓库时意外发现了可燃气体,触动了马王堆汉墓。消息传至湖南省博物馆(现更名为湖南博物院),工作人员当即判断,马王堆汉墓已经遭到破坏,但沼气的出现说明这是一座保存完好的古墓。经慎重地调查、研究并报国家主管部门批准,1972至1974年,当时的湖南省博物馆对马王堆汉墓进行了抢救性发掘。墓中出土了3000多件珍贵文物和一具保存完好的古尸,有明确的墓葬年代和墓主身份,在中国考古学史上具有里程碑式意义。

壹 一号墓

一号墓为东边土冢。1972年1月至4月,考古工作者在极其艰苦的条件下对其进行了发掘,出土漆木器、纺织品、帛画等珍贵文物1000多件,墓主遗体保存完好,令世人震惊。考古工作得到了国务院及周恩来总理等领导的高度重视。根据葬制等级与"轪(dài)侯家""轪侯家丞"铭文的器物以及"妾辛追"私印,确认墓主为轪侯夫人辛追。

马王堆汉墓外景

马王堆汉墓发掘前地面残存两个土冢,东西并列,形似马鞍,故又名"马鞍堆"。相传,这里是西汉长沙王刘发安葬其父汉景帝妃子程姬、唐姬的墓地。因此,在北宋《太平寰宇记》一书中,提到过此地有另一个名字——"双女坟"。而这里被叫作"马王堆",则是在清嘉庆年间的《长沙县志》中。书中记载,此地是五代时期封为楚王、定都长沙的马殷及其家族的墓地,故名"马王堆"。

一号墓发掘现场

一号墓从封土堆顶至墓室底深20.5米。发掘持续3个多月,土方量达6000多立方米。木椁(guǒ)周围包裹厚厚的木炭和白膏泥。

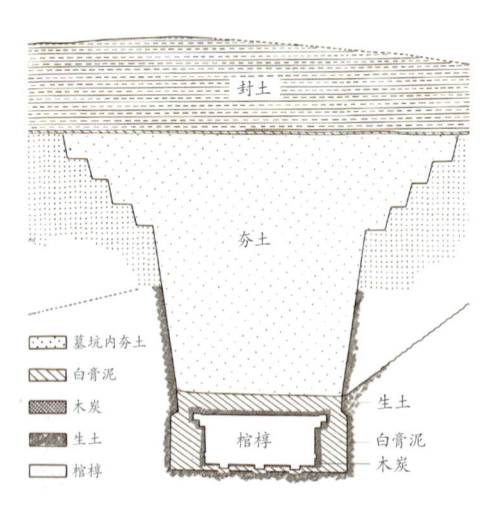

一号墓剖面图模型

一号墓墓葬形制沿袭楚国葬制,是一个带斜坡墓道的竖穴土坑木椁墓,正北方向,墓口近方形,南北长19.5米,东西宽17.8米,墓口至墓底深16米。墓室底部南北长7.6米,东西宽6.7米。

封土 　　　　　　　　　　　　　夯土

白膏泥 　　　　　　　　　　　　木炭

封土与夯土、白膏泥与木炭

　　封土指的是堆在墓坑上的土，位于墓葬的最外层。封土层向内紧接着是夯土层，夯土是古人填埋墓坑时用石、木、铁制工具一层一层地叠加夯实的土。考古工作者在考古勘探时发现了古代夯土，便可以大致确定这里存在某些古代遗址或墓葬。夯土表面上分布直径6厘米左右的圆形夯窝，与遗存在二号墓墓坑填土中的筑墓工具铁夯锤直径一致。

　　夯土层内侧是一层1米多厚的白膏泥，在白膏泥之内紧挨着木椁（guǒ）的是40～50厘米厚的木炭层。白膏泥是一种含杂质的高岭土，质地细腻，黏性强，渗透性差，密封性能好。木炭主要起吸水、防潮作用。它们将棺椁紧紧包住，使棺椁与外界完全隔绝，构成了一号墓椁室深埋、密封的恒温、恒湿、缺氧环境，使得墓葬中的遗体、葬具以及大量随葬器物得以完整保存。最终，一号墓共出土了漆木器、纺织品、帛画等珍贵文物1000多件，墓主遗体保存完好，令世人震惊。

贰 二号墓

　　二号墓为西边土冢。一号墓令人瞩目的发掘成果，使二号、三号墓的发掘受到空前重视。1973年9月，周恩来总理亲自批示马王堆二号、三号汉墓发掘的请示报告，并调集了全国各学科的顶级学者参与墓葬的发掘、研究与保护。二号墓于1973年12月至1974年1月发掘，出土文物200多件，其中三枚印章证实墓主为长沙国丞相、第一代轪（dài）侯利苍。

二号墓椁（guǒ）室

　　二号墓棺椁四周填以10厘米左右的木炭和30～70厘米厚的白膏泥，墓室密封不严，又多次被盗，椁室朽塌。葬具由二椁二棺构成，也有专家认为是"黄肠题凑"葬制。

小知识：黄肠题凑

　　"黄肠题凑"是陵寝椁室四周用柏木枋堆垒成的框形结，常见于汉朝和周朝时期，是帝王一级使用的椁室，等级最高。之所以叫它黄肠，是因为它采用的建筑材料都是去皮后的黄色柏木。"黄肠题凑"这一词最早出现在《汉书·霍光传》里。

偶人

西汉初期

高105cm

二号墓墓道出土

持矛举重驱邪魔

　　偶人又叫镇墓俑。二号墓墓道两侧各有一个置偶人的壁龛，东壁偶人持似矛兵器，西壁偶人左手似握一物。三号墓随葬品清单遣册中有"偶人二，其一操仙盖，一人操矛"，可与之参照。古人认为偶人能辟邪驱魔，保护死者坟墓及亡灵。

铁锤夯实千层土

铁夯锤

西汉初期

直径5.2～5.7cm

二号墓出土

　　在二号墓的填土中，发现了这件保存完整的铁夯锤，它是古人筑墓时用来夯紧填土的工具。人们将夯锤提到高处使其自然落下，给填土以冲击的力，从而达到夯实填土的目的。

长沙马王堆汉墓

叁 三号墓

1973年11月至12月,发掘三号墓。墓葬保存完整,出土漆器、简帛、丝织品、兵器等文物1600多件。其中13万多字且内容丰富的帛书、简牍(dú),填补了历史空白。按汉代葬制,辛追、利苍墓东西并列,墓道平行,为夫妻不同穴合葬式。三号墓位于辛追墓之南,墓主应为辛追之后,骨骸鉴定为30岁左右的男性。

握柄踩锸忙修筑

木柄铁刃锸(chā)

西汉初期
长139.5cm
三号墓出土

在三号墓的填土中,发现了这件木柄铁刃锸和一只残破的竹筐,它们是当时修筑墓葬时用来起土和运土的工具,锸就相当于现在的铁锹,古人一手持木柄上部,一手握木柄下部,左脚用力踩锸,使之深入土中,然后用力起土。在汉代农业生产中,锸是极为普通的工具。这件锸由一块整木的中心部分加工而成,锸面上部两肩宽度和高度都不相同,还设计了一块三角形踏脚,便于着力。同时左肩低于右肩,可将压力分散,使柄与锸面连接处不易折断。

阴阳两隔告地书

纪年木牍（dú）

西汉初期
长30cm
三号墓出土

　　纵向墨书："十二年二月乙巳朔戊辰，家丞奋移主藏（葬）郎中，移藏（葬）物一编，书到先质，具奏主藏（葬）君。"木牍上的文字翻译成白话文为："十二年二月乙巳朔戊辰，家丞奋已经将随葬品及其一份清单递交给了主葬郎中。主葬郎中收到清单后，先后对照实物一一唱读和验收，最后将结果启奏给主葬君。"经考证，"十二年二月乙巳朔戊辰"是汉文帝前元十二年（前168）二月二十四日，为三号墓墓主下葬日期。有学者认为，此木牍是家丞为墓主迁徙地下的告地书。

马王堆一、二、三号墓位置关系模型

马王堆一共发现了三座汉墓，按发现的先后次序将其编为一、二、三号墓，它们都是带斜坡墓道的竖穴土坑木椁（guǒ）墓。其中东西方向平行并列的是一、二号墓，以封土堆为中心计算两墓距离约36米。一号墓南侧是三号墓，三号墓坑北边与一号墓坑南边相距4.3米。

三座汉墓规模巨大，其中一号墓从墓口到墓底深16米，三号墓从墓口至墓底深10.3米。这两座墓形制基本相同，都是墓口呈方形，向下有多层台阶，台阶四壁向内收缩，台阶往下墓坑呈斗形，直达墓底。只不过一号墓有四层向下的台阶，三号墓只有三层。同时一、三号墓墓坑北面正中都有一条几乎直达墓底的斜坡墓道，这是典型的楚式墓葬形制。

二号墓墓坑规模与三号墓相似，但其形制又非常特别。它的墓坑呈椭圆形，上大下小。墓口下没有台阶，墓道呈斜坡状，上宽下窄，墓道底高于墓底约2米。

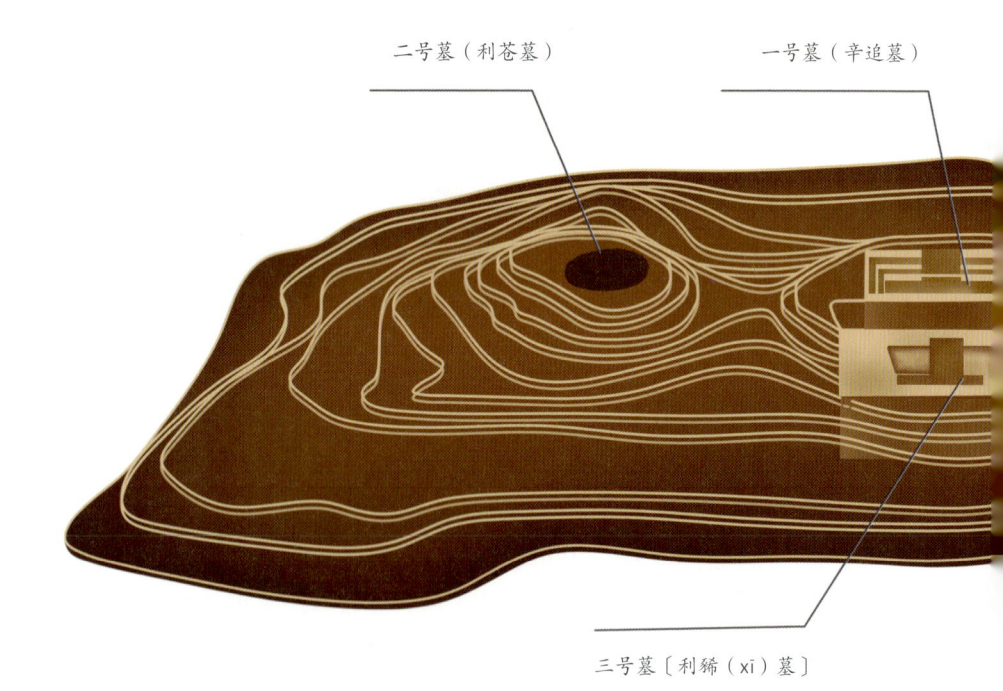

二号墓（利苍墓）　　　　　一号墓（辛追墓）

三号墓〔利豨（xī）墓〕

三座墓位置关系模型示意图

一、二号墓东西并列、墓道平行，在考古学中被称为"平行关系"，这正是汉初流行的夫妻异穴合葬的形式。同时，二号墓墓主为男性，葬在西边，一号墓墓主为女性，葬在东边。因此，一号墓墓主应该就是二号墓墓主的妻子。三号墓位于一号墓下首，按礼俗应该是一、二号墓墓主的后代。

考古人员还发现，三号墓不仅被一号墓的封土覆盖，墓道也被一号墓墓坑所切断，这种现象在考古学上叫作"打破关系"。这种层位关系说明，三号墓的封土和墓道，在一号墓下葬时被破坏，这也表明一号墓下葬时间晚于三号墓。

三座墓葬中，一、三号墓结构保存完好，由巨大的木椁（guǒ）和层层套棺组成，椁室外包裹厚厚的白膏泥和木炭，封闭严密，因此大部分随葬品保存完好。二号墓由于墓室密封不严，曾多次被盗，椁室已经朽塌，仅残留印章、漆器、玉器、铜器等200多件器物。

小知识：打破关系

"打破"即破坏了原有的形态。原本地层是一层一层堆积的，但后来因为当时人的行为而打破顺序，晚一些的年代因为营建房基、坑沟、窑、墓穴、墙槽等向下挖破年代更早的地层。

肆 墓主

二号墓"利苍"玉印、"长沙丞相"铜印、"轪（dài）侯之印"铜印和"长沙王"竹简，初步确定了马王堆是汉初吴氏长沙国丞相利苍及其夫人辛追、儿子利豨（xī）的墓地。

辛追、利豨墓漆器上的"轪侯家"铭文

丞相利苍

利苍，二号墓墓主，长沙国丞相、第一代轪侯。生于战国末年，逝于汉高后二年（前186）。早年参加秦末农民起义、楚汉之争。汉初任长沙国丞相。惠帝二年（前193），又因功封轪侯，在汉初至惠帝140余个封侯中，列第120位，食邑700户。

玉印在手实权握

"利苍"玉印

西汉初期

长2cm 宽2cm 高1.7cm

利苍墓出土

在马王堆汉墓正式发掘之前，墓主人的神秘身份是一个不解之谜，而解开这个谜的关键，就是从马王堆二号墓中出土的3枚小小的印章。

这枚"利苍"玉印便是其中之一，印上刻有篆书"利苍"二字，应是墓主的一枚私印。这枚"利苍"玉印与另外2枚刻有"軑（dài）侯之印"和"长沙丞相"的鎏金铜印一同证明了二号墓墓主人应该是第一代軑侯、长沙国丞相利苍。

利苍生于战国末年，逝于汉高后二年，即公元前186年。早年曾跟随汉高祖刘邦参加过秦末农民战争、楚汉之争，为西汉王朝的建立立下了汗马功劳。刘邦创建汉朝后，论功行赏，其中吴芮被封为长沙王，而利苍被派往长沙国出任丞相一职。虽然汉初王国丞相的官阶并不算高，但是实权在握，对诸侯王起到了监控作用。据《史记》和《汉书》的记载，汉惠帝二年（前193），利苍因功被封为軑侯，食邑700户。

封国最高长官印

"长沙丞相"铜印

西汉初期
长2.2cm 宽2.2cm 高1.5cm
利苍墓出土

  这枚"长沙丞相"铜印是证明二号墓墓主利苍身份的3枚印章之一。印钮为龟形，龟腹下有一穿孔，应是穿系绶带的地方。印面雕刻有篆书"长沙丞相"，可见是墓主利苍的官印。

  "长沙"是汉初长沙国的简称，"丞相"是汉代中央政权和封国中的最高行政长官，"长沙丞相"也就是汉初长沙国的最高行政长官。由于官印是行政权力的象征，也是官吏任职的凭证，所以当官员调迁或死亡时，必须交还。另外，据《史记》记载，西汉初期诸侯国丞相官印使用的都是黄金印章，而这枚印章为鎏金铜印，且印文书体草率，因此，显然不是墓主生前使用过的原印，而是一件随葬的明器。

龟形篆书轪侯家

"轪（dài）侯之印"铜印

西汉初期
长2.2cm 宽2.2cm 高1.5cm
利苍墓出土

　　这枚铜印也是证明二号墓墓主利苍身份的3枚印章之一。印钮为龟形，印面雕刻篆书"轪侯之印"，说明是墓主利苍的爵位印。利苍在汉惠帝二年（前193）被封为轪侯，封地为轪县。轪县位于今天的河南光山县和罗山县之间。根据《汉书》中的记载，汉初诸侯爵位印是"金印紫绶"，死后须传继承者。这枚印章为鎏金铜印，并且印文铸刻较为随意，显然是一件用于随葬的明器，而非生前使用的原物。

小知识：官印和私印

　　古代印章种类繁多，其中官印和私印为主要类别。
　　官印在各个历史时期都各具不同特点，包括皇帝的印玺、御宝，以及各级朝官官印。私印就是代表个人的印章，是一个人的信物凭证，材质和印文十分丰富，印文多为姓名、字号，不加职称。另外，还有个人的馆斋、鉴藏、闲文、吉语等。

长沙马王堆汉墓

雍容华贵度平生

夫人辛追

辛追，一号墓墓主，利苍之妻，汉文帝后元元年（前163）左右去世，年约50岁，出土时遗体保存完好。从众多随葬品可知，她生前生活雅致，T形帛画上的肖像也尽显雍容华贵。

"妾辛追"印

西汉初期
边长2.5cm
辛追墓出土

马王堆一号墓墓主是轪（dài）侯的妻子，根据墓中漆奁（lián）内发现的这枚"妾辛追"印章，可以得知她的名字叫辛追。"妾"是当时女子在丈夫面前对自己的谦称。印章出土时软如泥，如今已干缩成指甲状。据考证，辛追逝世于汉文帝后元元年，即公元前163年左右，死时大约50岁。

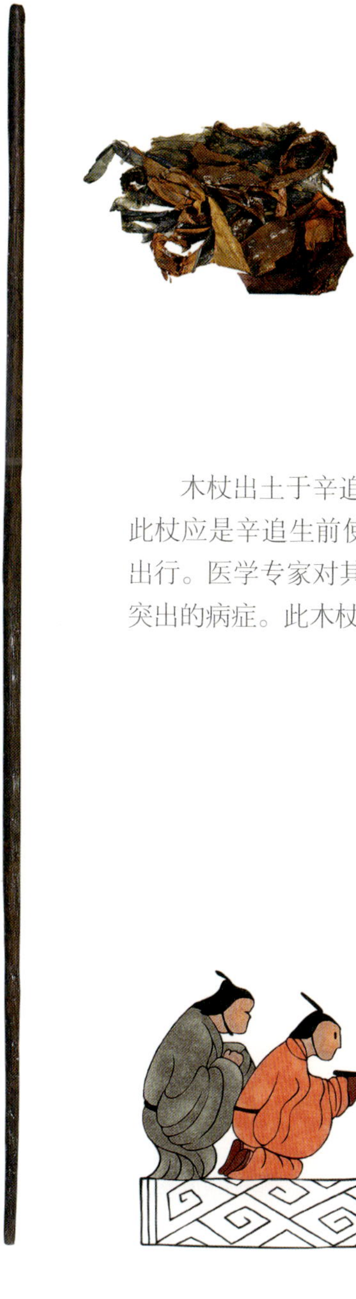

木杖

西汉初期

长132cm　宽1.2cm

辛追墓出土

　　木杖出土于辛追墓北边厢，被绢衣包裹，顶端用带束紧。此杖应是辛追生前使用之物。从T形帛画可知，辛追生前执杖出行。医学专家对其骨骼进行检查，发现她生前患有腰椎间盘突出的病症。此木杖可印证帛画上辛追形象的真实性。

长沙马王堆汉墓

小竹扇

西汉初期

长52cm 宽22cm

辛追墓出土

墓中遣册称其为"小扇一锦缘"。竹扇内侧缘用细竹竿作骨，延伸缘骨并用竹篾编成管状的柄，再裹以锦条。小竹扇用来扇风取凉，若出行时遇熟人不便招呼，亦可用扇遮挡面部，故又称为"便面"。

羞来小扇忽遮面

连云港孔望山汉画像石上的"便面"使用情形

儿子利豨（xī）

三号墓墓主是利苍和辛追的儿子，但究竟是其第几子目前尚有争议，多数学者认为是第二代轪（dài）侯利豨。他下葬于汉文帝前元十二年（前168），去世时30多岁，出土时仅存遗骸。墓中随葬大量兵器和《长沙国南部地形图》《驻军图》，墓主可能生前曾参与朝廷征伐南越国的战争。

封泥

西汉初期

木匣长4.8cm　宽3.1cm　高1.8cm

利豨（xī）墓出土

该墓出土"轪（dài）侯家丞"封泥匣12枚，字体与辛追墓封泥有别，说明两者家丞非同一人。墓中另有1枚上半部分残缺的封泥，按篆书结构规律可复原出"利豨"二字，其构形与汉代私印相合。家丞，官名，汉代太子家令的辅佐官。

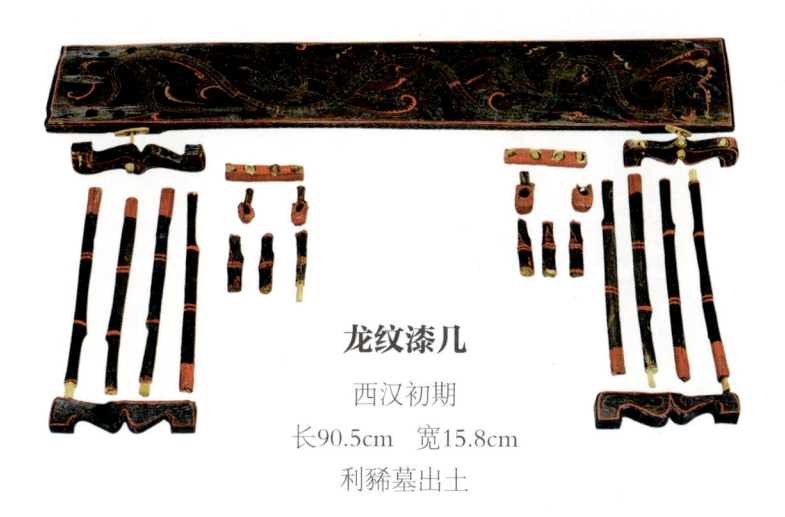

龙纹漆几

西汉初期

长90.5cm　宽15.8cm

利豨墓出土

古人习惯席地而坐，所以常利用几来托手以达到舒适的目的，或将物品摆放在几上便于使用。漆几由几面、足和足座三部分组成，用木栓及凸榫（sǔn）接合。漆几有两组足，外侧一组足较矮，固定于几面，内侧一组足较高，可灵活收起。几面扁平，中部微向下弯曲，两端稍狭似梭形，制作粗糙，可能是明器。

谁为轪侯辅佐人

庭院深深席地坐

车水马龙鼓与磬

帛画《车马仪仗图》

西汉初期
长219cm 宽99cm
利豨（xī）墓出土

在三号墓棺室西壁上，考古学家发现了一幅残破帛画。经复原整理，可见画面上人物、车马众多，因此得名《车马仪仗图》。

全画内容可分为四部分：左上方是两行人物正在向右缓步前行，为首的一人头戴长冠、腰佩长剑、身材高大，与同墓所

出的T形帛画上的墓主人形象极其相似，应当就是身份显贵的三号墓墓主利狶。左下方是由百余人组成的方阵，上下两边的人物都垂手肃立，面朝前方。左右两边的人物则是手执长矛，相向而立。在方阵之中竖有鼓、编磬（qìng）等乐器，有几人正在踊跃地敲鼓击磬。右上方徐徐而来的是整齐的车舆队伍，车阵后面还露出一列马的前身。右下方可以看见14列威武的骑兵方阵，与上方的车舆队伍组成了气势雄壮的车骑队伍。整幅画中所有人物都面向墓主，似乎正在举行着某种盛大仪式，可能是军队祭祀或检阅之类的大型活动。《车马仪仗图》生动形象，人物众多却主次分明，是中国绘画史上现存最早的写实画作之一。

弓弩悬置彩云中

兵器架

西汉初期

高89cm　宽55cm

利豨（xī）墓出土

　　兵器架，顾名思义就是供习武之人放置兵器用的。利豨墓共出土剑、戈、矛、弩（nǔ）、弓等完整兵器29件，因当时朝廷禁止用贵金属随葬，所以兵器架和兵器几乎全部是用角、木制成的明器。

　　这件兵器架为木胎，由架、柱、座三部分组成。架为长方形板，板正反两面均以黑漆为地，朱漆为边，用朱、黄、绿等色漆绘云气纹。正面为三排弯形托钩，这种多排挂钩的设置有效地满足了各种规格兵器的放置需求。这件兵器架保存较好。兵器架在湖南是首次发现，在全国也极为罕见。

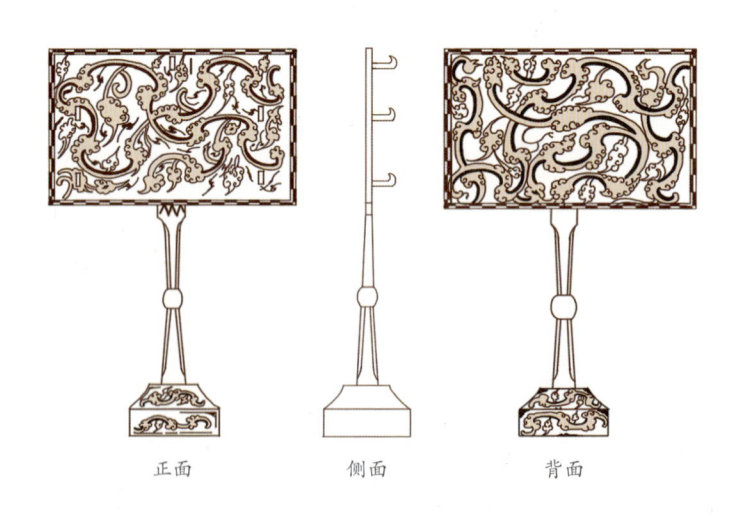

|正面|侧面|背面|

一箭飞逝落流星

锥画漆弩（nǔ）机

西汉初期

长70cm

利豨（xī）墓出土

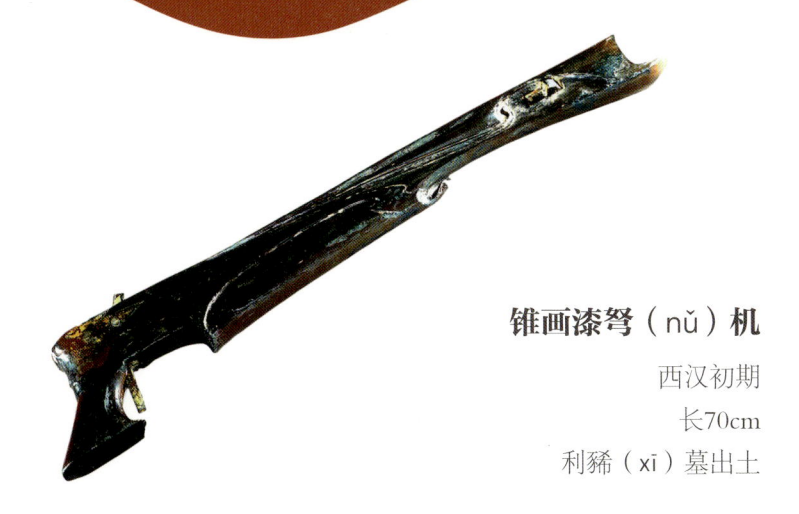

　　木质明器。木制弩臂，两侧锥刻云纹，髹（xiū）黑漆。弩是一种远射程兵器。秦以前的弩长度只有52厘米左右，此弩大大加长，射程就更远。汉代弩的射程一般在120～200步之间，合167～278米。弩有先进的瞄准装置，张弓姿势有臂张、蹶张、腰引拉弓法等。

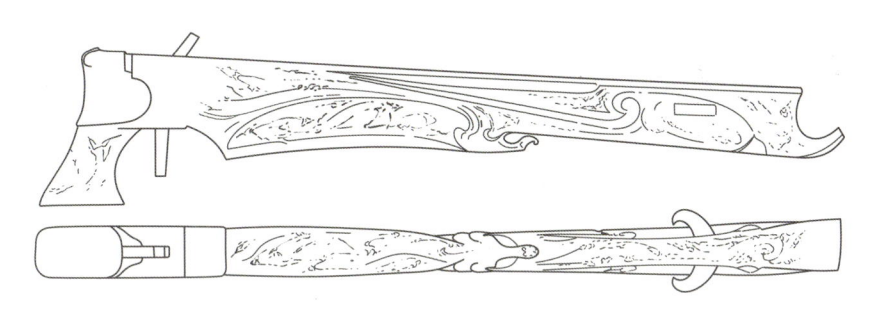

弩机示意图

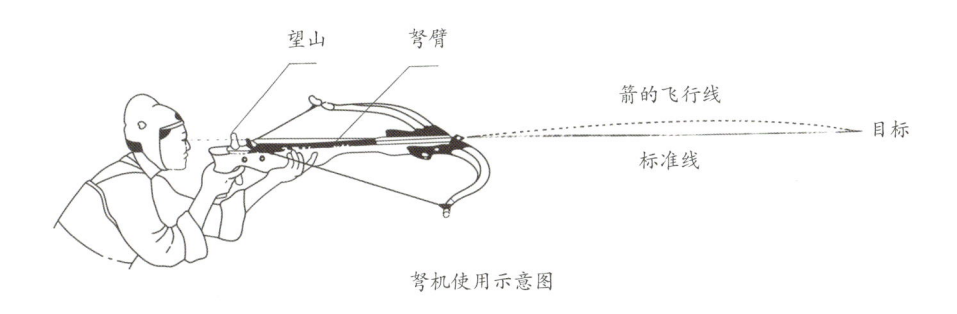

望山　弩臂　箭的飞行线　目标　标准线

弩机使用示意图

长沙马王堆汉墓

角质剑／角质长剑

西汉初期
长78.8cm／长139cm
利豨（xī）墓出土

佩剑之风在汉代盛行，体现了汉代的礼仪和等级制度，低至平民百姓，贵至帝王诸侯，皆有佩剑的风尚，不仅是为了防护，还作装饰之用，是统治阶级展现自己优越地位的一种文化符号。

角质剑用牛角制成，是仿墓主生前佩剑的明器。这柄长剑是目前楚汉墓中发现的最长的剑。

长剑挥处旋风起

角质剑示意图

角质长剑示意图

备箭留待射天狼

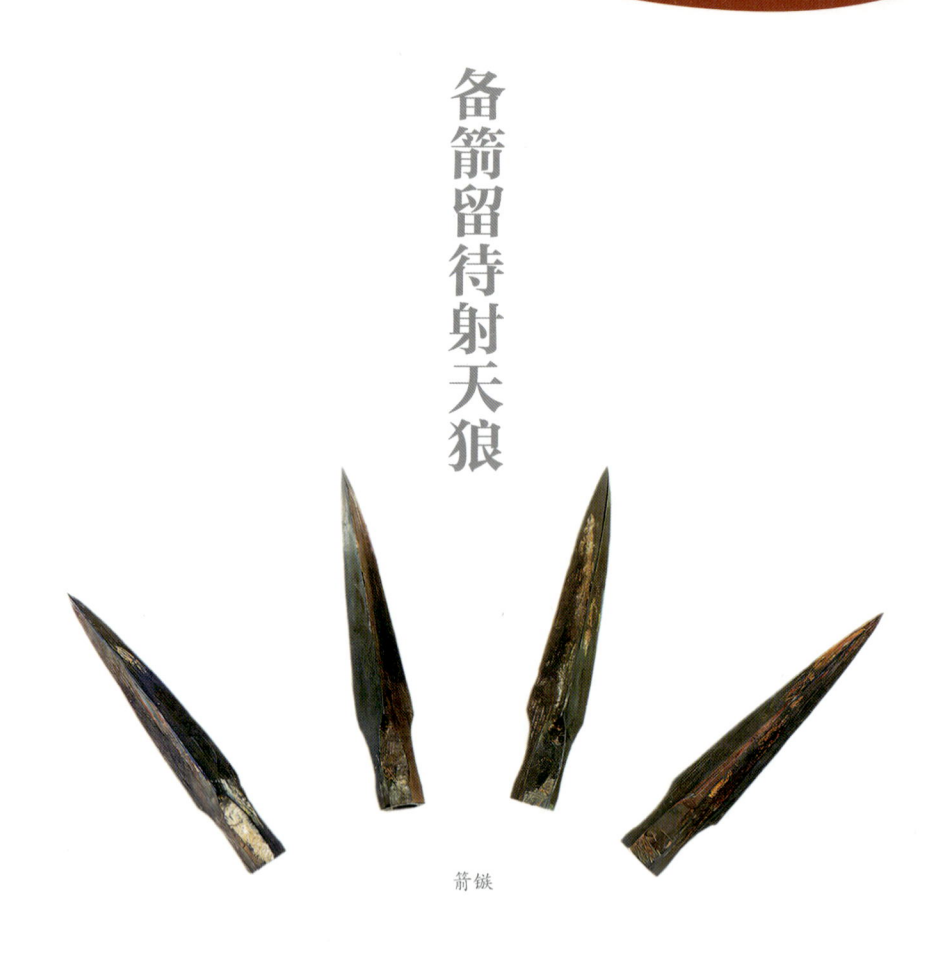

箭镞

箭镞（zú）／矢箙（fú）

西汉初期

箭镞，长5.3～5.7cm　宽0.5～1cm

矢箙，高50cm　宽22cm

利豨（xī）墓出土

明器。矢箙为装箭用具，呈梯形扁平盒状。扁盘上部钻孔12个，并穿绳，以固定剑杆，内盛髹（xiū）漆芦苇箭杆12支。箭镞呈三棱形，尾端可插入杆内，用牛角制成。

矢箙

第二单元
生活与艺术

汉初实行休养生息的政策后，社会生产力迅速恢复，手工业、农业等都快速发展。轪（dài）侯家爵高禄厚，经过了两代人的积累，家藏千金，奴婢成群。由于汉代事死如事生，所以轪侯家将自己的死后世界也打造得和生前一样，钟鸣鼎食，罗绮丽裳，琴瑟和鸣，粉黛锦容，希望可以延续生前的繁华生活。马王堆汉墓出土的器具、服饰制作精美，装饰华丽，凸显墓主人较高的艺术修养和审美意识。

壹 千金之家

利苍一家生活在汉初文景之治时期，财富殷实，并藏有来自各地乃至域外的象牙、玉石、珍珠、犀角、玳瑁等珍稀奇物，过着仆从成群、歌舞无休的生活。但因文帝倡导薄葬，墓中少见金、铜等贵重金属器，金"郢（yǐng）称"、金饼、铜钱、铜编钟及象牙、犀角、玉璧、珍珠等物，均用陶质、木质明器替代。

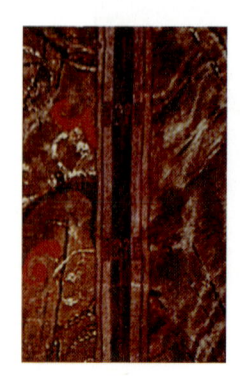

马王堆丝织品上的"千金"字样

陶"半两"钱

西汉初期
直径2.3～2.8cm
辛追墓出土

　　金"郢（yǐng）称"、金饼、铜"半两"钱都是汉初流通货币。珠玑、犀角、象牙是象征财富的"上币"。这些财宝在辛追墓中都以陶制、木质替代品形式出土。文帝之所以倡导薄葬，不用真的财宝下葬，是因为秦朝末年的连年动荡，造成汉初社会经济凋敝。汉初至文帝景帝时一直奉行"休养生息"政策，所以軑（dài）侯家为了响应政策，财宝都用陶制品和木制品替代了。

休养生息倡薄葬

珠玑百宝素面藏

竹笥（sì）

西汉初期
长51～53.4cm　宽27～31cm　高14～17cm
辛追墓出土

　　该墓共出土48个竹笥。竹笥是古代较为普遍使用的一种盛物器具，多以竹篾、藤皮、苇皮编织，也兼用荆条。制作有精有粗，或髹（xiū）漆或素面。一般用绳索捆扎，打结时加上封检，并在绳上穿挂木牌，写明笥内盛放的物品内容。墓中出土竹笥除装有各类食品、中草药香料、衣物衣料外，还盛有木犀角、木象牙、木璧、陶"郢称"、陶珠玑、聂币之类的明器，寓意金千斤、千万钱、布千匹。

长沙马王堆汉墓　191

低眉信首身后从

"冠人"男俑

西汉初期
高68.3cm
辛追墓出土

马王堆汉墓一共出土了近300个木俑，这些木俑都是家吏和奴婢的替身。有着等级和分工上的区别。这件"冠人"男俑体形高大，头戴长冠，身穿丝绸长袍，做工精致。出土时，背后还跟随着几十个彩绘木俑，可见其身份等级较高。它的鞋底刻有"冠人"二字，所以应该是墓主人的家庭总管，也是众奴婢之长。

雕衣女侍俑

西汉初期
高37～38cm
利豨（xī）墓出土

雕衣女侍俑共出土4件。她们较为精致，描墨眉、点朱唇，面容姣好。身穿的服饰是雕琢出来的，款式独特，内为交领右衽长袍，外为时尚的对襟长襦。我们猜测，她们应该是当时身份较高的侍女。

彩绘木俑

西汉初期
高35.4～51cm
辛追、利豨（xī）墓出土

　　彩绘木俑形体矮小，数量最多，是轪（dài）侯家地位最低的奴婢，从事各种杂役劳动。《史记·货殖列传》里甚至把他们和牛、马、羊并称。这些木俑中有男有女，平头的似为男俑，头顶有发髻或插竹签的应为女俑。他们两手垂拱于袖中，面部清癯（qú）。

平头小髻皆奴婢

长沙马王堆汉墓

暖室巨龙密遮风

云龙纹漆屏风

西汉初期

高62cm 宽58cm

辛追墓出土

  这件云龙纹漆屏风为斫（zhuó）木胎，长方形，屏板下有一对足座加以承托。屏板正面红漆地，绘有一条巨龙穿梭在云层里，龙首上长着两只长耳，绿色龙身，朱绘鳞爪，作飞腾状。边框饰朱色菱形图案。屏板背面用朱地彩绘几何方连纹，以浅绿色油彩绘，中心部分绘有谷纹璧。据墓葬中的遣册记录，原屏长5尺，高3尺，此屏风是为随葬而制作的明器。

  屏风起源很早，在西周初期就已开始使用，不过当时没有屏风这个词，人们称其为"邸"。屏风最初主要是作挡风和遮蔽之用，但随着屏风的普遍使用，品种也不断增多。到春秋战国时期，屏风的使用已相当广泛，出现了精巧的座屏，到了汉代，屏风的使用更加普遍，尤其是漆屏风，它属于考究的家具，只有富贵人家才能享用。

暗香浮动花满衣

竹熏罩／彩绘陶熏炉

西汉初期

熏罩，高21cm 底径30cm 口径10cm

熏炉，高13.5cm 口径11.1cm

辛追墓出土

据史书记载，春秋战国时期的湘地楚人就有使用香囊、香枕和熏炉的习俗。屈原在《山鬼》中就曾描写过，山鬼身上佩戴着石兰、杜衡等香草，折下香花送给所思慕的人。至汉朝时，这一习俗仍被保留。那时人们常焚香木、香草来熏居室，以除臭秽，达到清新空气、洁净环境、防病治病以及陶冶性情的目的。所以古人读书弹琴，喜欢先焚一炉香，这样可以净杂念而使精神集中。

竹熏罩上蒙有细绢，使用时将香料放置熏炉内焚烧，缕缕清香透过竹熏罩上细绢均匀散发。熏香不仅能熏香衣物，杀菌消毒，还能镇静安神，有利于休息和睡眠。竹熏罩、彩绘陶熏炉是现存最早炉、罩成套出土的熏香用具。

熏炉出土时盘内盛有辛夷、茅香、高良姜和藁（gǎo）本等香料。辛夷、藁本都有祛风寒之疗效；茅香可以驱虫防蚊；佩兰不仅味道芳香适宜随身佩戴，还有养血安眠之效。

长沙马王堆汉墓

舞罢桃花胭脂红

歌俑

舞俑

歌舞俑

西汉初期
高31～47.2cm
辛追墓出土

  两汉时期，贵族们每有宾客宴饮，则必有歌舞侑（yòu）酒助兴，特别是在一些贵族家庭中，更是专门养了一批能歌善舞的奴婢。同样，贵族们也将大量歌舞奏乐俑陪葬于墓中，以供他们在死后继续享乐。

  辛追墓出土的3件歌俑均为跪姿，身着长袍，头梳盘髻，跽（jì）坐，似乎正在歌唱婉转悦耳的曲调。她有着鹅蛋脸、丹凤眼和高鼻梁，在含蓄的神态中显现出一丝浅浅的微笑。在1995年赴荷兰展出时，她被誉为"东方的维纳斯"。

  舞俑身着短褂长裙，头梳垂云髻，体态轻盈，身体呈现出优美的S型，好像正伴随着歌声翩翩起舞。如果仔细观察这些舞俑，会发现她们的腰都非常细。这与楚文化中的"楚王好细腰"和"小腰秀颈"的审美有关。

奏乐俑

西汉初期
高31～47.2cm
辛追墓出土

鼓瑟拨弦起歌声

奏乐俑的神态被刻画得极为传神，连衣服都是雕刻上去的。5人中，2人吹竽，3人弹瑟，为了方便演奏，袖口都被扎于手腕处。正准备鼓瑟的3个人，将瑟放置于膝前，双手向前平伸，手心向下，大拇指屈向掌心，两手食指同时作拨弦之势。另外2个人，他们拇指分开，其余四指合拢，手掌向上作持竽状，展示了古人是如何吹竽的。

这组奏乐俑也是我国目前所见最早的小乐队模型之一，是轪（dài）侯家歌舞演奏的生活写照。

怪神击筑久失声

辛追墓漆棺上的"怪神击筑"图

木筑

西汉初期

高3.8cm　长31.3cm

利豨（xī）墓出土

　　如今，筑这种乐器已经失传，提起筑也只是会将它与"高渐离击筑，荆轲和而歌，为变徵之声……"的场景联系在一起。筑是一种流行于先秦两汉的击弦乐器，是当时男子最喜爱的乐器之一。它有十三根弦，弦下边有柱。辛追墓出土的黑地彩绘漆棺上还有"怪神击筑"的图案。击筑的神怪左手按住弦的一端，右手执竹尺击弦发音，十分投入。

七弦琴

西汉初期
长81.5cm　宽12.6cm　高13.3cm
利豨（xī）墓出土

  这张七弦琴出土于利豨墓，是我国首次发现的汉琴，它的出土也让人们首次见到了"半箱式"琴的实物。这张琴音域宽广，音色深沉，余音悠远似林下之风。在琴面上可看到一些磨痕，这是拨弦时留下来的。

  关于琴最早的文字记载见于《诗经》"窈窕淑女，琴瑟友之"等。战国时期随着音乐的发展，琴乐得到了很大的发展和普及，擅琴之人涌现，也留下了春秋时期伯牙和钟子期"高山流水"的千古佳话。

余音悠远林下风

辛追墓漆棺上的"怪神吹竽"摹绘图

竽瑟之音吹秦汉

竽

西汉初期
长78cm
辛追墓出土

　　竽是一种音域较广的吹奏乐器,在乐队中发挥领奏和指挥的作用。战国至秦汉时盛行"竽瑟之乐",其中齐国还发生过耳熟能详的"滥竽充数"的故事。这件竽由竹木制成,外形完整,但竽管与吹口之间不能通气,也无气孔,属于陪葬模型。

竽律管

西汉初期
管长10.1～17.7cm
内径0.6～0.8cm
辛追墓出土

长短高低各不同

　　辛追墓出土了12件竹制的竽律管，它们长短不一，每支律管的下部都分别用墨书写了十二音律的名称，但经检测，这套律管的尺度和音高与汉制不符，律管有误装情况，音律名也有误标，应当是一套明器，但这套竽律管也是我国现存最早最完整的十二音律管。

二十五弦瑟

西汉初期

长116cm 宽39.5cm 高10.8cm

辛追墓出土

瑟是我国原始的弹拨丝弦类乐器,早在《诗经》中就曾提到过"琴瑟和鸣"。这件瑟的25个弦柱位置清楚,丝弦系于木枘(ruì),底部两端有共鸣窗。瑟内外两组弦的尾部各有一条绛色的罗绮穿插于弦间,将弦隔开,这样不但可以保持弦距和弦柱的稳定,而且有利于消除弹奏时产生的共鸣干扰。

这把瑟是现今发现的西汉完整的古瑟之一,距今已有2000多年的历史。

月下湘娥抚琴瑟

笛声悠悠破长空

竹笛

西汉初期

长21.2～24.6cm

利豨（xī）墓出土

  这两支竹笛出土于利豨墓，是我国现存年代最早的竹笛，它们形制相同，都是一端封口一端开口。经检测，这两支笛均可吹出七声音阶。笛在汉代前多指竖吹笛，秦汉以后笛成为竖吹的箫和横吹的笛的共同名称，并延续了很长时间。

博具

西汉初期

长45cm　高17cm

利豨墓出土

听闻尊者精此道

  博戏是一种智力竞技性游戏活动。史书记载，文景二帝都精于此道。由于受到统治者喜爱，博戏在社会上更加流行，善博者还会受到人们的尊敬，享有较高的社会地位。东汉时，人们还编出了类似"玩法攻略"的《博经》，可惜早已失传，现在只能根据出土的博具和后人引用的《博经》上的一些文字来猜测博戏的玩法。

长沙马王堆汉墓

贰 君幸食

一、三号墓出土了240余件漆食具，书有"君幸食"或"君幸酒"铭文，是奉劝墓主进食、进酒的敬语。墓主生前饮食十分考究，722支遣册中有350余支关于食物、食具的内容。

一、三号墓出土了大量食材，有稻、麦、黍、粟、豆等粮食，家禽家畜、鱼及野味等肉食，有20余种瓜果蔬菜，部分还保持原状；还出土了烹煮食物的炊具，有釜、甑（zèng）、鼎等。这些食物与器物相印证，有符合身份礼制的饮食器，有各式方法烹饪的佳肴美味，有煮、蒸、烤、炸、煎、炒等烹饪方式，有调味品十余种，烹制美味菜肴百余款，湘菜特质已初具雏形。

从出土的遗物中可以看出，轪（dài）侯家利用地域资源，优选各类食材，制成各种美食，形成了以稻饭为主、肉类和蔬果为辅的饮食结构。当时的食品之丰、食法之精、食器之美，无不大盛于前，再现了轪侯家美食配美器的精致生活。

雾涌云蒸肴美味

陶甑　　　　　　　陶釜

锡涂陶甗（yǎn）

西汉初期
陶甑，高16cm　口径31.4cm　腹径26.8cm
陶釜，高16.5cm　口径14.7cm　腹径26cm
辛追墓出土

陶甗由陶釜和陶甑组成，它们和今天的蒸锅相似。古人向釜中加水后，将甑放在釜的上面，甑的底部有气孔，加热后釜

204　湖南博物院

中蒸汽就可以通过甑（zèng）底气孔升入甑中把食物蒸熟。这套釜、甑的表面还有一层轻薄的锡箔，遣册称之为"锡涂"陶，可以起到装饰和保护作用。

豆豉姜酱

西汉初期
辛追墓出土

汉代湘味古法传

在辛追墓中出土的一个陶罐中，发现了已存放千年的豆豉姜酱，它的罐口用草泥填塞，这种古老的豆酱封存方式一直延续至今。

豆豉姜酱是湖南的传统酱菜，至今仍受到湖南人的喜爱。现在人们的制作方法是在古法的基础上改进的，以豆豉和姜为原料，蒸好的豆豉里拌入晒好的姜片，装坛压紧密封，腌制而成。它的色泽黄褐，吃起来味道鲜辣，口感嫩脆，还富有豆豉香气，不但可以开胃增食，还可以解表散寒。这罐豆豉姜酱的用料和做法与现今类似，它的发现展示了汉代的"湘菜风味"。

百般饮食皆在册

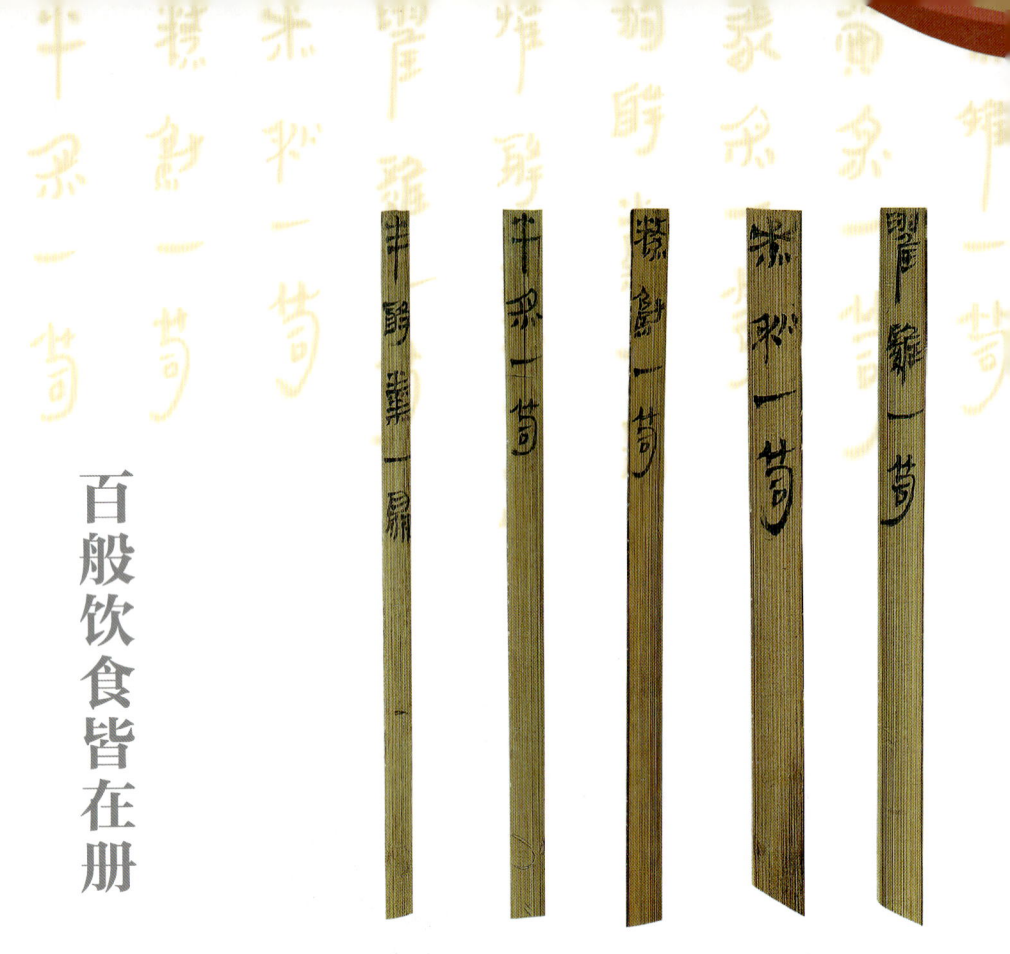

遣册上的菜谱

西汉初期
长27.6~28cm　宽0.7~1.3cm
辛追墓出土

　　马王堆汉墓一共出土了722支遣册，其中350余支内容是与吃有关的。其内容可与竹笥（sì）、陶器和漆器内盛放的食物相印证，能够清楚地了解軑（dài）侯家的饮食情况。
　　遣册上记载了以熬羹、烧烤、煎炒、蒸菜、涮火锅等方法烹饪的菜谱，食物种类涉及主食、肉食、瓜果蔬菜、饮料、糕点等百余种。当时菜谱既以食物种类、颜色来命名，又以食物烹饪、加工、贮藏、保鲜方法来定义，名目繁多。

盥濯晓露入筵席

云纹漆匜

云纹漆水盂

云纹漆匜（yí）／云纹漆水盂

西汉初期

漆匜，高8.8cm　流口宽4.8cm　匜口26.6cm×24.5cm

漆盂，高12cm　口径38cm　底径26cm

利豨（xī）墓出土

　　漆匜、漆盘和漆盂都是古人的盥（guàn）洗用具。先秦时，人们在祭祀、宴饮前，必须先行沃盥之礼。"沃盥"就是浇水洗手的意思。"盥"是一个会意字，它的字形其实就说明了古人是如何洗手的。"盥"的上半部中间是水，左右两侧代表两只手，下部的"皿"代表承接的器皿。通常贵族洗手时，由老少两人在旁辅助，年长者用匜中清水自上而下为贵族洗手，年少者则捧盘或盂承接用过的弃水。这种礼仪出现在西周中后期，盛行于东周。

沐日光华还浴月

"轪（dài）侯家"云龙纹大漆盘

西汉初期

高12.5cm　口径73.2cm　底径56.8cm

利豨（xī）墓出土

　　沐浴承水之器。旋木胎。体型大，盘内髹（xiū）红漆，外髹黑漆，内外壁和口沿均黑漆上朱绘几何鸟头纹；盘内髹红、黑漆各两组，红漆上无纹饰，黑漆上绘朱、灰绿二色云龙纹，以旋涡纹组成龙的须角和鳞爪；内圈云龙纹外有两条较窄的几何形鸟头变形纹带。外底黑漆上朱书"轪侯家"。色彩有明有暗，十分协调。整个器物光亮如新，纹饰清秀华美，是西汉前期漆器的代表性作品。

　　沐为洗发，浴为洁身，沐盘是洗发用的，而浴盆是洗澡用的。文献记载，古人浴水用盆，沐水用盘，也就是说洗发、洗澡各用不同的器具，非常讲究。而从汉墓出土实物来看，沐盘与浴盆区分并不严格，盘作为盛水器，可兼作沐浴之用，以承沐浴之汁。古人沐浴常用稷粱之潘汁（淘米水），并使用承接沐浴弃水的大盘。而沐浴之法，即一般使用沃水器如枓（sháo）（勺）匜（yí）之类浇水进行淋洗。

鼎食透得满堂香

云纹漆鼎／云纹漆匕

西汉初期

漆鼎，高24～27cm　口径21.8～24.5cm

漆匕，长41.3～42.3cm

辛追墓出土

　　马王堆汉墓一共出土了13件漆鼎，都是用来盛放食物的，与鼎同时出土的还有用来搅拌鼎内食物或舀取鼎内食物的漆匕。先秦时期鼎和匕一般是配套作为礼器使用，汉代以后，漆鼎逐渐成为贵族日常饮食器具。

　　漆鼎的表面髹（xiū）黑漆，器内髹红漆，盖上是三个橙色的环形钮，器底是三个兽蹄形足，鼎底部均朱书"二斗"两字，表明了鼎的容量。漆鼎的木胎采用了旋木胎制作方法，即先用大小适当的木块，旋出外壁和底部，再剜（wān）凿出腹腔。这些漆鼎出土地点明确，保存完好，纹饰清晰，色彩鲜亮，堪称西汉时期的"标准器"。

云纹漆食奁（lián）

西汉初期
高9cm　直径23.5cm
辛追墓出土

食奁是盛食器。夹纻（zhù）胎，盖微成圜（huán）形，内髹（xiū）红漆，外髹黑褐色漆，用黄、灰、红三色油彩绘云气纹。器身内髹红漆，外髹黑褐色漆。出土时内盛饼状物。遣册所记"食检（奁）一合盛稻食"即指此。马王堆汉墓出土的饼类食品有稻食、麦食、小米等，反映了汉初江南地区农业经济的发展和作物的栽培情况，也可据此推测当时上层社会的食谱。

云朵飘飘盛稻粮

"君幸食"狸猫纹漆食盘

西汉初期
高5.7～6.7cm 口径21.7～28.2cm
辛追、利豨（xī）墓出土

  食盘为盛食器。共出土30件，形制相同，纹饰相似。旋木胎，盘内黑漆地上画三猫一龟，类似近代写生线条。猫用红漆单线勾勒，内涂灰绿色漆，朱绘耳、须、口、眼、爪、牙和柔毛，画面特别突出了猫大睁的双眼和长尾巴以及乌龟的长颈，形象颇为生动。三猫一龟的周围以红色和灰绿二色绘云纹。盘口沿朱绘几何图案。画面整体呈同心圆的形态，构图讲究对称。龟代表长寿，在当时被视为一种祥瑞，与龙、凤、麟并称"四灵"。猫与龟的组合，反映了当时人们希望延年益寿的美好愿望。

延年益寿漆盘兽

云鸟纹漆钫（fāng）

西汉初期
高50.5cm
辛追墓出土

富丽纹饰西汉器

　　这件云鸟纹漆钫为方形酒器，有盝（lù）顶式盖，盖顶上有四个作为装饰的S形橙黄色钮。器物表面髹（xiū）黑漆，器内髹红漆。盖顶朱绘由云纹组成的"米"字形图案，口沿处的领圈朱绘鸟头形图案，其下为红色和灰绿色的云纹，肩部为菱形图案，腹部绘两圈红色和灰绿色的云纹，圈足上绘朱色凤鸟形图案。器外底部朱书"四斗"二字，遣册写明其为"盛白酒"或"盛米酒"之用。此器出土时，内部残存酒类的沉渣。

　　马王堆汉墓出土的漆器，大部分都饰有花纹。纹样的特点是细致而流利，最常见的有龙凤纹、云气纹、花草纹和各种几何形纹，也有近于写实的兽形、鸟形和鱼形等图纹。西汉前期的漆器，花纹富丽而繁复，到东汉时则趋于简素。

云纹漆锺（zhōng）

西汉初期
高55.7cm　腹径34.4cm
辛追墓出土

　　汉代人喜欢饮酒，把酒视为"天之美禄"，所以无论日常宴饮还是婚丧祭祀，都离不开酒。马王堆汉墓也出土了很多酒器，其中盛酒的漆钫

（fāng）有7件，锤有4件，还有一些与之配套舀酒的漆竹勺。此器出土时，与云鸟纹漆钫一样，内部残存酒类沉渣。

云纹漆锤的外底朱书"石"字，表明自身容量为汉制120斤，相当于今天的13.5公斤，专家们实测漆锤的容量为19.5升，比饮水机上18.9升的桶还大。古人的盛酒器容量如此大，其实是因为当时的酒是用粮食、水果等发酵而成，酒精含量较低，酒味不烈，所以古人才能饮"海量"而不醉。

天之美禄饮海量

龙纹漆竹勺

西汉初期
长62cm
斗径10cm
辛追墓出土

此勺用来挹（yì）取锤、钫、壶内的酒，为竹胎，分斗和柄两部分。斗以竹节为底，成筒形，柄为长竹条制成，接榫（sǔn）处用竹钉与斗相连接。斗内髹（xiū）红漆无纹饰，外壁及底部黑漆地上，分别绘红色几何纹和柿蒂纹。柄的花纹分为三段，靠近斗的一段为一条形透雕，上为浮雕编辫纹，髹红漆；中部一段为三条形透雕，上有浮雕编辫纹三组；柄端一段为红漆地，上面浮雕龙纹，龙身绘黑漆，以红漆绘其鳞爪，龙作奔腾状。

马王堆汉墓出土的漆勺仅有两件，且在长沙地区的战国和汉代墓葬中很少发现这种竹胎漆器，实为珍贵。

长沙马王堆汉墓　213

云纹漆案上的食具

西汉初期
漆　　案，长60.5cm　宽39cm　高5cm
漆　　盘，高2.8cm　口径18cm　底径9.6cm
漆 耳 杯，长14cm　宽10.5cm　高3.9cm
锥画漆卮（zhī），高9.1cm　口径8.8cm
彩绘漆卮，高8cm　口径9cm
竹　　筷，长24.5cm　宽0.3cm
辛追墓出土

一人一案分餐食

　　现代人吃饭，通常是大家围坐在一起，同桌而食，这被称为"合餐"。而在汉代，人们都是分餐而食。用餐时席地而坐，一人一案。当然，贵族们可不是随便坐在地上吃饭的，而是先铺上尺寸较大的筵，再铺上尺寸稍小质地更细腻的席，按照身份地位以跽（jì）坐的姿势坐于不同方位的席上。矮足案摆放于席前，上置各种食物。

　　这套辛追墓出土的云纹漆案就是古人分餐而食的真实反映。出土时，案上完好地摆有五个盛有食物的小漆盘、两个饮酒的漆卮和一个漆耳杯，漆耳杯上还放有一双竹筷。

"七升"卮

"斗"卮

"君幸酒"漆卮（zhī）

西汉初期
"斗"卮，高16～16.8cm　口径15.2～15.5cm
"七升"卮，高15.4～16cm　口径13cm
辛追、利豨（xī）墓出土

  卮是盛酒器。共出土了36件。器内底黑漆书"君幸酒"，外底朱书"斗""七升""二升"表示容量。卮用卷木胎制作而成，它是汉代流行的新工艺。其制法是先用薄木板卷成筒形，衔接处用漆液黏合，用木钉钉接，接缝处安一把手，这是一种非常牢固且轻巧的漆器。

卷木成卮君幸酒

君亦幸食我幸食

"君幸食"漆盘

西汉初期

高2.7～3cm

口径17.2～18.3cm

辛追、利豨（xī）墓出土

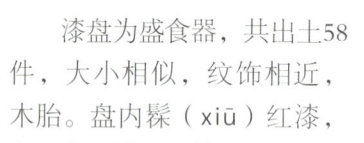

　　漆盘为盛食器，共出土58件，大小相似，纹饰相近，木胎。盘内髹（xiū）红漆，盘心在黑漆地上朱绘卷云纹，卷云纹中间以朱漆书"君幸食"三字，口沿朱绘波折纹和点纹，口沿内朱绘线纹和B形图案。盘外髹黑漆，近底部朱书"一升半升"四字。其中6件出土时分别存有牛排骨、雉（zhì）骨、鳜（guì）鱼骨、牛肩胛骨、鱼骨、面食等。

"君幸食"漆耳杯

西汉初期

长18.6～19.4cm

宽10.7～14.6cm

高5.3～5.7cm

辛追、利豨墓出土

　　辛追、利豨墓出土了100多个食杯，它们制作考究，器形相似。因它们的两耳像鸟的双翼，亦称"羽觞（shāng）"。杯内涂红漆，内底黑漆书"君幸食"三字，耳背部朱书"一升半升"四字，测得实际容量为420毫升。辛追墓出土漆耳杯90件，其中50件漆书"君幸食"，40件漆书"君幸酒"，可见其用途有明确的分工。

湖南博物院

斫木为具君幸酒

云纹漆具杯盒

西汉初期

长19cm　宽16cm　高12cm

利豨（xī）墓出土

  漆盒呈椭圆形，斫（zhuó）木胎，即用刨、剜（wān）、凿等手法将一木块或木板斫削出器形。具杯盒由上盖和器身两部分以子母口扣合而成。器内及盖内髹（xiū）红漆无纹饰。器身及器盖均髹黑褐色漆，再以红漆和黑漆绘云纹、旋涡纹和几何图案。底部光素无纹饰。上、下口沿均以红漆书"轪（dài）侯家"三字。

  漆盒内装小耳杯7件，其中6件顺叠，最后1件反扣。反扣杯为重沿，两耳断面呈三角形，恰好与6件顺叠杯严密相扣。7件小耳杯与马王堆汉墓出土的其他耳杯形制相同，均为斫木胎，椭圆形，两侧耳呈月牙形，圆唇、小平底。杯内髹红漆，无纹饰，中以黑漆书"君幸酒"三字，两耳及外壁髹黑漆，两耳及口沿外部朱绘菱纹和绳纹组成的几何图案。

  在马王堆出土的木简中，称这种小耳杯为"小具杯"，因此专为存放小耳杯的漆盒就被称为"具杯盒"。这种设计奇特、制作精巧的具杯盒在马王堆三号汉墓中也出土了2件，大小形制基本相同，内装9件小耳杯，其中8件顺叠，1件反扣。

叁 衣被锦绣

马王堆汉墓出土男女梳妆用具7套,反映了墓主生前对仪容修饰的注重。衣料、服饰有数百件,包括绢、纱、罗、绮、锦、麻布等各类织物面料,采用印染、印花、彩绘、刺绣等工艺制成。款式多样的四季衣装,保存完好、色彩鲜艳、制作精湛,反映了长沙国的着装时尚,同时也反映了汉初纺织业的卓越成就。

双层六子锥画漆妆奁(lián)

西汉初期
高17.5cm 口径29cm
利豨(xī)墓出土

束发饰容整衣冠

妆奁相当于现在的梳妆盒。梳妆自古并非女性专利,男性也需要梳妆理冠。由于古代男女都蓄长发,所以梳、篦(bì)及铜镜是男女梳妆所必需的工具。汉代男性梳妆多为束发理冠、修整胡须,有时也会进行简单的化妆饰容。这件妆奁分上下两层,上层放置丝织品、木骰(tóu)、角质镜、角质梳篦、木梳篦、环首铁刀、丝绵镜擦和漆柄茀(fú)。下层放置6个小漆奁,分别存放木梳篦、角镊(niè)、角质簪、竹擿(zhì)以及各类化妆品。

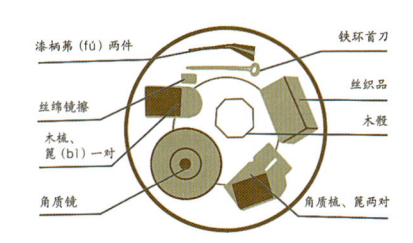

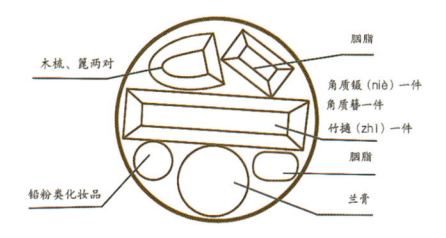

双层六子锥画漆妆奁（lián）内所盛物品

双层九子彩绘漆妆奁

西汉初期
高20.8cm 直径35.2cm
辛追墓出土

高髻淡着胭脂色

爱美之心人皆有之，这是一套属于辛追夫人的梳妆盒。出土时，漆盒由"信期绣"丝绢包裹，打开盒盖后发现盒内分上下两层，上层放置手套、絮巾、组带、绢地"长寿绣"镜衣各1件；下层放置9个小漆奁，分别存放假发、梳、篦、针衣、茀、粉扑及各类化妆品。茀出土时，刷毛部分被染成红色，很可能是胭脂。此外，当时的贵族女性往往喜欢梳高高的发髻，但人的头发有疏有密，而年老的人头发往往更少。为了能有浓密的头发，可以梳成漂亮的发髻，当时妇女常在真发中掺接假发。辛追也十分重视自己的装扮，在她死时头发的下半部分就编缀有黑色假发，而盒中的这一盘假发应该是备用的。

漆奁中的9个小漆奁，既轻巧又精致。这种多子奁的设计，可能是为了解决脂粉之类的面部化妆品不能和梳、篦等物直接放在一起的问题。

长沙马王堆汉墓

猎人追鹿仓皇窜

锥画狩猎纹漆妆奁（lián）

西汉初期
高18cm 盖径32.5cm
利豨（xī）墓出土

　　这件漆奁的外表空间不大，但表现的内容却极其丰富。如果用放大镜仔细观察，会发现在奁顶部的漫卷流云中，画有兔子、游鱼、飞鸟和松鼠等动物。在奁身外壁上，画有神人乘龙、猎人追鹿等纹样。特别是狩猎的场面画得极其生动，猎人手持长矛，追逐着两头奔鹿，奔鹿仓皇逃窜，神态十分逼真。

　　工匠在尚未完全干透的漆膜表层，用尖细工具轻轻镌刻上各种图案，再填上各种色彩，干了之后，就成了细若游丝的图案。这种技法被称作"针刻"，也就是现在所说的"微雕"，而根据墓中随葬品的清单遣册记载，它被称为"锥画"。整器锥画线条细腻婉转，层次分明，繁而不乱。

锥画狩猎纹漆妆奁纹饰展开图（局部）

双层长方形油彩漆奁（lián）

西汉初期
长48.5cm　宽25.5cm　高21cm
利豨（xī）墓出土

稀世纱冠奁中藏

　　这件长方形漆奁出自利豨墓中，漆奁中存放着一顶漆纚（xǐ）纱冠及一些附属丝织物、木棍等该冠配套用品。漆奁内髹（xiū）朱漆，外表以黑漆为地，又用油彩描绘出云气纹。这件漆奁的特殊之处在于纹饰极具立体感，是使用"堆漆"方法制作而成的。

　　堆漆一般用和地漆色不同的漆来制作花纹，花纹本身要比漆器的表面高，像浮雕，但并不是雕出来的，而是用漆堆出来的。工匠先将奁盖与外壁用白色凸起线条勾边，再用红、黄、蓝三色矿物颜料调油填绘出卷云纹。整件漆奁纹饰华丽，色彩明快，层次分明，可谓稀世珍宝。同时，奁内还发现了一顶漆纚纱冠，是我国迄今所见最早的纱冠实物，尤为珍贵。

整罢新妆照镜心

五子彩绘漆妆奁（lián）

西汉初期
高15cm　口径34cm
辛追墓出土

　　"五子"指的是妆奁中装有不同化妆品或香料的5个圆形小漆奁。除了化妆品或香料，五子奁中还盛有龙纹铜镜、镜擦、木梳、木篦（bì）、漆柄茀（fú）、角质镊（niè）、环首角质刀等物。

　　据史书记载，古代的妇女除佩带实用的小刀外，也佩假刀，假刀也称容刀，是一种用来装点仪容的佩饰。五子奁中的环首角质刀就是一种仅具有刀形，但不具备实际用途的佩饰，遣册中称其为"象刀"。汉代女性十分爱美，辛追也重视梳妆打扮，五子奁中的龙纹铜镜可能就是辛追夫人生前用来照面饰容的用具。

五子彩绘漆妆奁内梳妆用具

西汉初期
木梳，长8.5cm 宽5cm　　　　环首角质刀，长10.1cm
木篦（bì），长8.6cm 宽4.7cm　角质镊（niè），长17.2cm
漆柄茀（fú），长15cm
辛追墓出土

奁内的环首小刀长不及汉时一尺。遣册称其为"象刀"，仅具刀形，作佩饰使用。

木梳

木篦

环首角质刀

角质镊

漆柄茀

泥金焰火细细做

金银色火焰纹印花纱

西汉初期
长62cm 宽47cm
辛追墓出土

　　印花纱为衣料，其出土时在深灰色方孔纱上，能看到由均匀细密的曲线和一些小圆点组成的花纹，流畅而优美。曲线组成了银灰色和银白色的火焰纹，小圆点组成了金色或朱红色的叠山形图案。单元图案外廓（kuò）略作菱形，错综连续排列。

　　这是迄今所见最早的三版套印丝织品。印制时，每个单元图案都用了三块雕刻凸版分三步进行套印。先印"个"字形纹样，再印火焰纹纹样，最后印叠山形纹样。由于套印不准，纹样有互相叠压和间隔不匀的现象，图案几乎个个特殊，但对比各个图案单元的具体相应部位，则线条完全一致。按照这幅纱的幅宽47厘米计算，每米大约要印1300次，可见其耗费劳动量之多。

印花敷彩巧手忙

印花敷彩纱

西汉初期
长59cm　宽40cm
辛追墓出土

　　这件纱上的图案是一种变形藤本科植物纹样，由枝蔓、蓓蕾、花穗和叶组成。单个纹样的外轮廓（kuò）很像菱形，并且向四方连续扩展，错综排列。最引人注意的是，纹样中的灰色枝蔓部分在交叉处有明显的断纹现象，说明枝蔓是印上去的。而蓓蕾、花穗和叶子部分却具有笔触的特征，明显是古人用手一笔笔彩绘上去的。这种印花和彩绘相结合的技法，叫作"印花敷彩"。

　　印花敷彩纱的单元图案很小，高仅4厘米，宽仅2.4厘米。在这样小的面积上设计描绘如此多彩的花纹和颜色，要心灵手巧才行。而一块镂空版只可印4个单元图案，每米800多个单元图案，需要200多版才能完成，印好的每个单元图案又要花6道工序进行彩绘。要在如此大的一件丝绵袍上进行印染和描绘，它的难度和所用工时可想而知了。

虚实相间长命纹

朱红菱形纹罗

西汉初期
长72cm 宽48cm
辛追墓出土

罗是一种绞经织物，它的纬线相互平行排列，而经线则通过绞转与纬线交织在一起。这是西汉时期十分时髦的一种服装面料，质地轻薄，织物紧密结实，又有孔眼透气，穿在身上非常舒适。罗上的花纹是虚实相间的两种菱形花纹，被称为"菱形纹罗"。它的形状与俯视的耳杯十分相似，故也称"杯纹罗"。而菱形纹因可以无限地向四方扩展连续，也被称为"长命纹"。

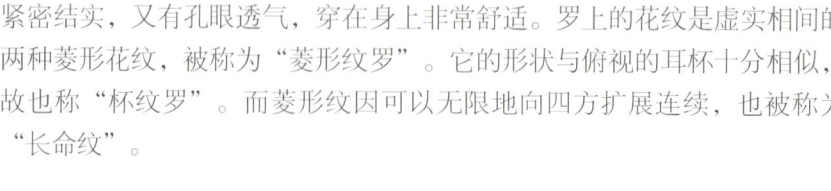

素面浮花花绵长

对鸟菱形纹绮

西汉初期
长105.5cm　宽27cm
利豨（xī）墓出土

绮是一种素色的提花丝织物，汉代的绮通常在平纹地起斜纹或浮长花，用作衣料。对鸟菱形纹绮的花纹图案为纵向的连续菱形纹，再在菱形内填以横向的花纹，每组三层，分别为对鸟和两种不同的植物花草，看上去外观雅致，纹样变化多样，显得生动活泼。马王堆汉墓出土的文物中，香囊、枕巾和竽律袋，以及包裹尸体的衣、被等，部分用这种绮缝制。

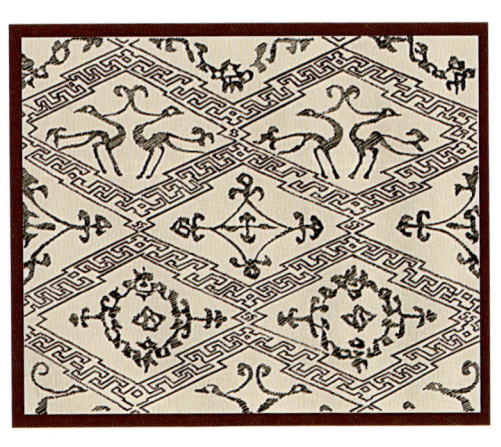

对鸟菱纹绮纹样

隐花水波孔雀纹锦

西汉初期
长111cm 宽50.9cm
利豨（xī）墓出土

  汉代的锦，多是用2组或2组以上的经线和1组纬线交织而成的多彩重经提花丝织物。这种锦，纬线只用1色，经线则用2至3色，并利用经纬组织变化和色彩变化显现花纹。织造出来的图案，便如这件隐花水波孔雀纹锦上的一样，同一图案、同一颜色，形成直行排列。同时，这件水波孔雀纹锦由于花纹组织断断续续，花纹颜色与底色相近，结构细密而又轻薄，使得图案形象比较模糊难辨，从而达到了一种隐花效果。锦由于生产工艺要求高，织造难度大，所以是当时最昂贵的丝织品之一。

多彩交织锦上花

浮绒花开香衣暖

绒圈锦

西汉初期
长60cm 宽24cm
利豨（xī）墓出土

利豨墓出土了一种特殊织造的锦，被称为绒圈锦，又称起毛锦。这种锦用多色经丝和单色纬丝交织而成，织物表面的图案部位，有明显的立体效果。经研究，这种织物需要使用复杂的双经轴机构提花织机才能制作，说明当时已有这种先进的纺织机械。

这件绒圈锦是内棺馆外装饰残片，目前还未发现完整的绒圈锦面料服饰。不过在马王堆汉墓中出土的15件完整衣物中，有12件丝绵袍是用绒圈锦做的领和袖的边。此外，这种锦还可用来制作香囊的底部，以及几巾和枕巾的边饰等，增加丝织物视觉效果上的美感。绒圈锦是迄今所见最早的起绒织物，是汉代织锦工艺的创新与发展的证明，也是近代起绒织物如天鹅绒等的前身。

凤鸟乘云报吉祥

对鸟菱形纹绮地"乘云绣"

西汉初期
长39cm 宽34cm
辛追墓出土

  绣工用朱红、棕红、橄榄绿等色丝线在绮地上绣出了满天飞卷的流云，以及云中隐约露头的凤鸟，又将菱形花纹用作凤鸟的眼眶，以突出其眼球里的神光，寓意"凤鸟乘云"，遣册中载其为"乘云绣"。人们认为，凤鸟是一种吉祥的动物，凤鸟一出现，就预兆天下太平，人们就能生活得美满幸福。所以，"凤鸟乘云"具有吉祥寓意。

  马王堆汉墓刺绣衣物及用品近50件，均以针代笔，以线代色，运用"锁绣""平针绣"等针法绣成。这幅"乘云绣"便是采用锁绣法绣制而成。锁绣是指由独立针线穿绕成环状，相扣成链，构成图案，因其外观呈辫子形状，又被俗称为辫子股绣。

绢地"长寿绣"

西汉初期
长58cm　宽41cm
辛追墓出土

　　辛追墓出土"长寿绣"完整衣物5件，棺内残衣衾（qīn）2件。此件在绢上用浅棕红、橄榄绿、朱红、淀粉蓝等色丝线，以锁绣针法绣出变形云纹、花蕾、枝叶及其鸟头的图案。

　　这种花纹的"长寿绣"多次出现，见于辛追墓出土的几巾、绣枕、镜衣和夹袱以及棺内包裹辛追遗体的残衣衾上。由于色彩的变化，似朵朵卷曲的祥云在仙树的枝叶间舒展，细看则是茱萸（zhū yú）、凤鸟等吉祥生物在云中显现，也许这是战国时期楚地刺绣龙凤纹的一种抽象化演变，神奇浪漫色彩十分浓厚，具有古拙的艺术风格。

　　人们是从遣册中得知其名为"长寿绣"的。史书记载，汉代像"长寿绣"这类高档精细的刺绣品，1匹价值2万钱。汉代1斤黄金值万钱，2万钱就是2斤黄金，可见刺绣在汉代的确是价比黄金。

朵朵祥云茱萸间

菱形纹罗地"信期绣"

西汉初期

长54cm　宽40cm

辛追墓出土

"信期绣"是马王堆汉墓出土刺绣中数量最多的一种，因衣料上绣有流云、花草和形似燕子的长尾鸟图案。燕子是定期春来秋往的候鸟，每年总是信期归来，所以古人将这种绣纹称为"信期绣"。菱形纹罗是一种透孔轻薄的丝织物，以粗细线条构成明暗相间的两种菱形花纹。图纹清晰秀丽、素洁大方，而在轻薄的罗地上刺绣，则显示了高超的刺绣技艺。

流云花草长尾鸟

清爽素朴中国草

灰色苎（zhù）麻布

西汉初期
长84cm 宽20cm
辛追墓出土

　　汉代贵族衣服多为丝帛制成，但仍有麻布类织物的衣料，其中以苎麻布和大麻布为主。文献中的"麻"一般是指大麻，而苎麻古称为"苎"。由于中国盛产大麻和苎麻，国际上还把大麻叫作"汉麻"，苎麻叫作"中国草"。苎麻布吸湿散湿快、出汗不粘身、凉爽、透气，是夏季理想的衣料。这块灰色苎麻布是目前所见最早经过踹碾轧光整理的麻织物。

素纱本色轻若雾

素纱单衣

西汉初期

衣长128cm　袖宽190cm　重49g

辛追墓出土

　　素纱指的是没有染色的纱，单衣指的是没有衬里的衣服。这件单衣交领、右衽（rèn，衣襟）、直裾（jū，衣服的大襟、前后部分），用极细的素色蚕丝织成的薄纱裁剪缝制而成，整件衣服衣长128厘米，两袖通长190厘米，而重量却只有49克。如果去掉袖口和领口的绒圈锦边缘，就只剩下40.2克，汉代人描述其"轻若烟雾，薄如蝉翼"。

　　多数学者认为它可能穿在锦绣衣服的外面，既可增添其华丽，又可产生朦胧美感。这倒是正好符合了中国人含蓄、内敛的传统审美情趣。但也有学者认为它是被当作一种内衣穿着的。

　　这件衣服这么轻薄的原因，是纱料的丝非常细，一根长900米的丝约1克重。可以说，这是迄今世界上现存年代最早、保存最完整、制作工艺最精，也是最轻薄的一件衣服。它的背后隐藏的是古人从蚕种到蚕茧，从缫丝到织造，对每一个环节的精益求精，代表了汉初养蚕、缫丝、织造工艺的最高水平。

小知识

右衽（rèn）和左衽

　　交领右衽是汉族传统服饰汉服的典型特征。交领指衣服前襟左右相交，右衽指左前襟掩向右腋系带，将右襟掩覆于内。汉服系服装的衣襟一般是向右掩，称为右衽；中国古代一些少数民族服装是向左掩，称为左衽。

曲裾（jū）与直裾

　　裾指衣服的大襟。直裾和曲裾都是汉服的一种款式。不同的是，直裾下摆部分裁剪平直，曲裾的衣襟接长形成三角，经过背后再绕至前襟用腰带固定。汉代的直裾男女均可穿着。这种服饰早在西汉时就已出现，但不能作为正式的礼服，外面要穿着曲裾深衣。

长沙马王堆汉墓　235

画衣始现夫人装

印花敷彩纱丝绵袍

西汉初期
衣长132cm 袖宽236cm
辛追墓出土

根据文献记载，先秦时有种衣服被称为"画衣"，但由于实物资料的匮乏，"画衣"的真实性一直无从考究，直到在辛追墓中发现了印花敷彩纱及用其制作的衣袍。

这件印花敷彩纱丝绵袍上的图案是藤本植物的变形纹样，其中枝蔓部分是印制上去的，而蓓蕾、花穗和叶子部分的纹样各不相同，色彩有浓有淡，明显是工匠们在印好枝蔓后，再用手工把各种颜色一笔笔描绘上去的。这是迄今发现最早的印花与彩绘相结合的丝织品，它的发现证实了文献记载中有关"画衣"的可靠性，反映出汉代印染加工技术的高超。

衣服的样式为交领、右衽（rèn）、直裾（jū）。直裾的前襟呈矩形，衣服穿上后，衣襟垂直于地面，不像曲裾那样紧裹于身。

红罗绵袍富人裳

朱红菱形纹罗丝绵袍

西汉初期

衣长140cm　袖宽245cm　腰宽52cm

辛追墓出土

  这件衣袍是以朱红菱形纹罗为面料，用素绢做衬里、衣缘，里面再垫上丝绵制作而成的。衣服的样式为上衣、下裳相连成一体，交领、右衽（rèn）、曲裾（jū）。这种款式在西汉早期贵族妇女中广为流行。交领、右衽是汉服的典型特征。上衣下裳相连的袍服下摆不开衩口，而是将衣襟接长，向身后斜裹，既不妨碍走路，又不会使其里外露，在当时不失为一种适用的服装。衣袍内絮有丝绵，应该是辛追夫人寒天的服装。

绢罗丝缕手足衣

信期绣"千金"绦手套

西汉初期
长24.8cm
上口宽9.4cm
下口宽11cm
辛追墓出土

　　这副手套的款式为直筒露手指式，同现在的半截手套相似，适于在不太冷的南方使用。其掌面用朱色菱形纹罗，指部、腕部则为绢制。值得注意的是，在掌面部分的上下两侧各饰有一周用丝线编织的彩色丝带，称为"绦"。在绦面中间可以看见篆体的"千金"字样，"千金"意指其价值抵千金，《史记》中以"千金"之家比喻富贵人家。这种用篆文作织物的装饰图案，在我国尚属首次发现。

绢袜

西汉初期
底长23cm
头宽8cm
辛追墓出土

　　袜在古代通常作足衣解，辛追墓共出土了2双这样的绢袜，是迄今所见我国最早的丝质袜，是汉初弥足珍贵的服饰实物。现存汉代的袜子实物质料多为罗、绢、麻及织锦等。

　　这双绢袜由深黄色丝绢缝制而成，外观很像长筒靴。袜筒后有一处开口，使人穿、脱方便，为了扎紧袜口还精心地用素纱在开口处缝有袜带。此袜以绛紫绢缝制而成，缝在脚面和后侧，袜底无缝。袜面用绢较细，袜里用绢较粗。

丝履

西汉初期

长26cm 头宽7cm

辛追墓出土

古代把鞋称为履,辛追墓中的遣册记有"丝履一两",指的便是丝质鞋一双。这双鞋鞋面用丝缕编织而成,颇为华美;鞋底用麻线编成,结实耐磨,适宜人们日常穿着。

小知识:足服

鞋与袜,合称为足服。

袜一般写成"韈"(wà),如《释名·释衣服》称:"韈,末也,在脚末也。"

履,此字始见于商代甲骨文,本义为穿鞋行走、践踏。大约到战国末期引申为名词鞋子。大约到了唐代,"履"在表"鞋子"义的常用词地位被"鞋"取代。

因"履"和行走相关,就和人的经历有了联系,引申表示"经历",如《与方希原书》中写道:"凡事履而后知,历而后难。"凡事要经历之后才知道。因此,有了现代人求职用的"履历"。

长沙马王堆汉墓

"长寿绣"药枕

西汉初期
长45cm 宽10.5cm 高12cm
辛追墓出土

这件枕头上下两面用茱萸（zhū yú）纹锦，前后两面用"长寿绣"绢，左右两端用的是绒圈锦。枕内填塞大量香料药佩兰，说明这是一件药枕。人的一生，大约有三分之一的时间是在床上度过的。因此，用枕头来为人类的健康服务，便是药枕产生的原因之一。人们将香料药经过炮制之后，放入枕芯之内，之后枕其入睡。通过嗅其香气使药性渗进体内，达到镇静安眠、驱虫除秽的作用。据考证，这件佩兰药枕是迄今所见最早的保健药枕。

淡淡香闻深入梦

"信期绣"香囊

西汉初期
长50cm 底径13cm
辛追墓出土

在古代,盛装香料的香囊又被称为香包、香袋等,辛追墓中的遣册将其记为"熏囊"。香囊具有辟邪、防虫叮咬等功用,古人佩戴香囊的历史可以追溯到先秦时代。

在辛追墓中一共发现了6个香囊,2短4长。短的香囊用于随身携带,符合古楚地 "昼配香囊,夜用香枕"的习俗。长的香囊挂于内室帷帐之间,符合乐府古诗《孔雀东南飞》中"红罗覆斗帐,四角垂香囊"的记载。

昼配香囊夜枕香

第三单元
简帛典藏

利豨（xī）墓出土的13万多字的帛书、简牍（dú），均为战国至汉初的文献抄本，内容涉及哲学、政治、军事、天文、地理、医学、历史、艺术等领域，多为从焚书坑儒中幸存而后又失传的佚书。这批简帛反映了汉代贵族的知识结构和文化素养，也是研究秦汉文化思想、科技成就、书法艺术等的珍贵资料，受到海内外学界高度重视，一直是马王堆汉墓研究的热点。

漆书奁（lián）

西汉初期
长59.8cm 宽37cm 高21.2cm
利豨墓出土

素朴心中典章藏

这件黑漆奁外表平平无奇，但奁内却藏有极其珍贵的简帛。漆奁分上下两层，上层盛放丝带和一束丝织品，下层有5个长短大小不等的长方格。其中3格除有1个牡蛎壳外，另外2格空空如也，作何用途还不得而知。而其他2格却盛放有多种帛书、医简和2支竹笛。这些帛书大多被折叠成长方形整齐摆放，也有的被缠在2～3cm的宽木片上，医简则卷曲成册。

壹 天文地理

马王堆帛书《五星占》和《天文气象杂占》是目前所能见到最早的天文学著作。帛书对五星的运行、变化与会合周期进行详细描述，对彗星各种形态进行图绘，记录了秦汉时期我国取得的令世人震惊的天文学科技成就。墓中出土了三幅地图，其中《长沙国南部地形图》《驻军图》不仅涉及西汉时期长沙国的分界，更是中国迄今为止时间最早、编制最准确的地图，被国际制图学界认为是利用了科学的图绘技法，是世界地图学史上罕见的珍宝，具有划时代意义。

吉凶需问天上星

帛书《天文气象杂占》（局部）

西汉初期

长31cm 宽58.5cm

利豨（xī）墓出土

这是一部利用天象占验吉凶的图书，书中以朱、墨两色绘出了云、气、恒星、彗星等各种天象图像约250

幅，每幅图下都纵向排列说明文字，插图与文字的编排井然有序。

31幅彗星图，它们形态逼真、数量众多，每幅图都经得起科学推敲。每颗彗星都有彗头、彗尾，除最后一颗外，其余都是头朝下、尾朝上，符合彗尾背着太阳的科学规律。而且这些彗星的尾巴有多有少、有弯有直，彗星头部有的是圆圈形，有的圈内又有圈点，形态各异，这表明当时的人们对彗星的观测达到了相当精细的程度。

观星问斗古天文

帛书《五星占》

西汉初期
长221.3cm 宽49.2cm
利豨（xī）墓出土

古人对于日月经天、星辰出没，不明白其中的原因，对风雨雷电感到迷惑和恐惧，先是产生了对自然神的崇拜，继而出现了占星术，它是和天文学同时诞生的。在茫茫星空中，古人究竟看到了什么？帛书《五星占》就展示了汉初以前的天象观测成果，它是世界上现存最早的天文专著。

《五星占》全书共约八千字，内容分为两大部分。第一部分主要是对金、木、水、火、土五大行星的运行规律进行记录，并运用天文星象来占卜吉凶。古人常把

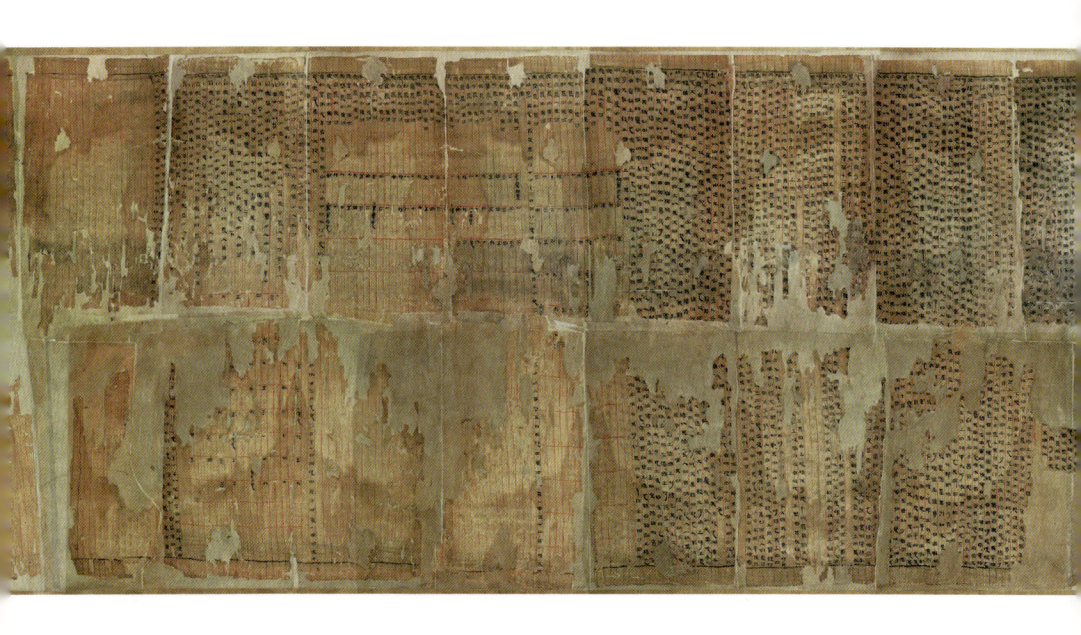

天象与哲学、历法、军事、占卜甚至神话联系在一起，一旦天空出现异常，便认为会产生相应的异数，利用这些来解释灾祸吉凶，带有浓厚的迷信色彩。但是相应地，观察天象、研究天体运行的占星术在完善过程中又促进了古代天文学的发展。

第二部分，则是用图表的形式记录了从秦王政元年至汉文帝前元三年70年间木星、土星、金星的运行位置和会合周期，都与现在的测值极相近。其中关于金星的记载最为准确，所测的会合周期为584.4日，比现在所测的583.92日只多0.48日。其他如土星会合周期为377日，比今测值只少1.09日；土星恒星周期为30年，比今测值29.46年多0.54年。在两千多年前，没有精密仪器设备用来观测星象的时代，古人仅凭肉眼的观测就已取得这样高的成就，着实令人惊叹。

南北西东图毕现

《驻军图》

西汉初期

长98cm　宽78cm

利豨（xī）墓出土

  这幅《驻军图》，又名《箭道封域图》，是世界上现存最早的三色彩绘军事地图，对于研究汉代军队建制、军事思想等有极高价值。图中所绘主区位于如今九嶷（yí）山与南岭之间，所绘内容不仅包括了山脉、河流、居民点等普通地图要素，还着重标出了9支军队的驻地、军队番号、防区界线、军事设施和行动路线。其中军事方面的要素用朱红色突出表示，河流、山脉等地理要素用浅色表示。散落图中各处的圆圈，代表的是里，相当于现在的村落。四方框表示的是县城。兵营则画成多种不规则的形状。军队的指挥部以三角形来表示。图上防区的山脊线上标绘7个烽火台。这种方法的好处在于主题鲜明，层次清楚，方便观看。

《长沙国南部地形图》

西汉初期
长96cm 宽96cm
利豨（xī）墓出土

这幅《长沙国南部地形图》是迄今为止发现最早、编制最准确的军事地图。图中方位上南下北。地图主区部分描绘的是长沙国南部八县的地形情况，也就是如今湘江上游的潇水流域和南岭的九嶷（yí）山区及其附近地区。图中间的那条又黑又粗的线条就是潇水区域，图左边用醒目的涡旋纹画出的就是九嶷山，其中九个突出的柱状物表示的是九嶷山的九个山峰。地图上大部分区域绘制的内容十分详细，既有作为自然地理要素的山脉、河流，又有作为社会经济要素的居民点、道路等，基本上具备了地貌、水系、居民点、交通网等现代地形图的四大基本要素。而在地图上方的邻区，绘制的内容十分简略，只在其中标注了"封中"二字。这个地区已经超出了长沙国的封域，属于南越王赵佗的辖境，约相当于今天的广东大部分和广西小部分地区。地图中对所绘内容分类分级、符号设计、主区详邻区略等较为科学的制图原则，至今仍在沿用。

贰 医学养生

医书16篇，其中12篇写在绢帛上，涵括预防医学思想、医药理论、医疗方法和方剂，记载了中医的养生之道。医简4篇计200支，是目前世界上最早的研究性医学文献。

这些医籍绝大多数失传已久，此番出土使其重见天日，成为现存最早的医学著作，其中不乏巫术治病的方子，由此可见当时湖南地域巫风民俗之状况。

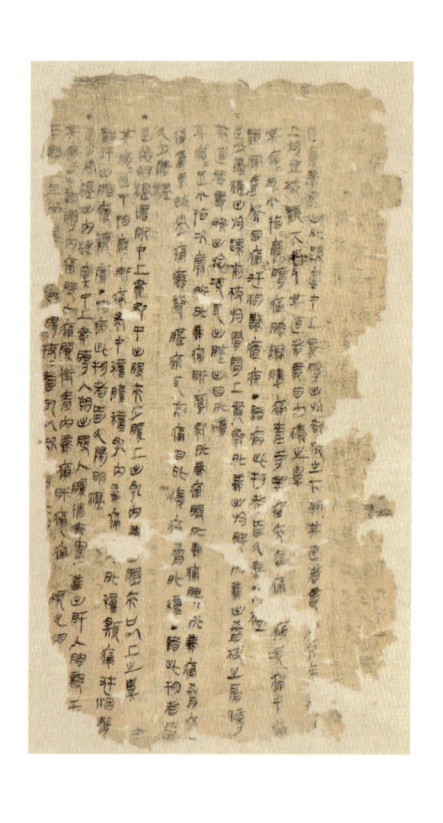

古老抄本传典籍

帛书《足臂十一脉灸经》（局部）

西汉初期
长30.5cm 宽19.5cm
利豨（xī）墓出土

《足臂十一脉灸经》是以灸法的临床经验为总结的医疗专著，书中简要而完整地论述了人体十一条经脉的名称、路径、病候和灸治方法。它的成书时间与《黄帝内经》中的《灵枢·经脉篇》极为相近，但比其更简略，是目前所见最早的经络学著作。可惜此书原著早已失传，马王堆汉墓出土的这本书应是迄今为止最古老的抄本。

帛书中有一条关于脉象诊断的记录，即"揗（xún）脉如三人参舂（chōng），不过三日死"，翻译成现在的话就是，如果病人脉搏的跳动像三个人手执木棒一起舂米，那么此人已命不久矣，最多活三天。这种现象是心力衰竭的表现，在西医中被称为"三联音律奔马律"，由英国医学家特劳伯氏在1872年才提出并应用于临床诊断中。

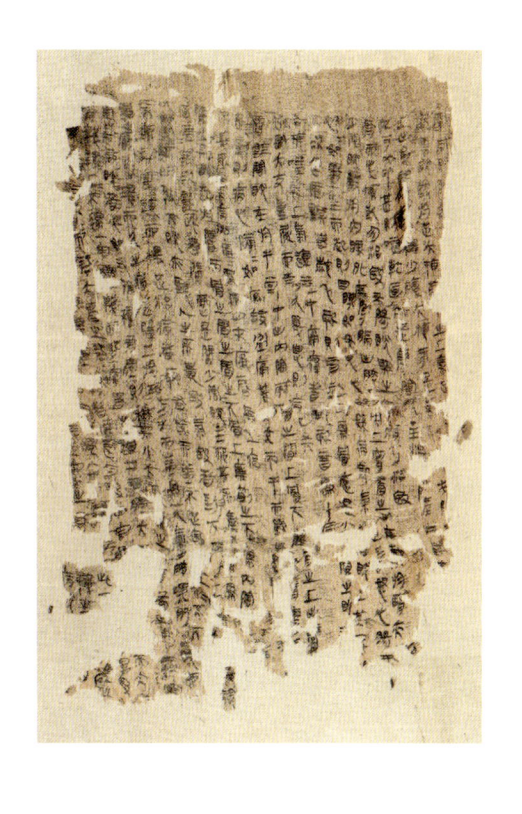

寒头暖足常记住

帛书《脉法》

西汉初期
长30.5cm　宽19.5cm
利豨（xī）墓出土

《脉法》是古代医家传授弟子应用灸法和砭法治病的一种民间医学教材。全文仅300余字，由于出土时已严重残损，半数文字难以辨识，所以专家们根据原文首句的"以脉法明教下"而将其命名为《脉法》。这里的脉法主要指灸法和砭法，而非诊脉之法。此书是目前所见最早提出人体气与脉关系的古医籍，并且确立了虚实补泻的概念，即用"补"来治疗虚证；用"泻"来治疗实证。此外，书中提倡的"寒头暖足"，在养生保健方面有重要意义。

内外积聚古医方

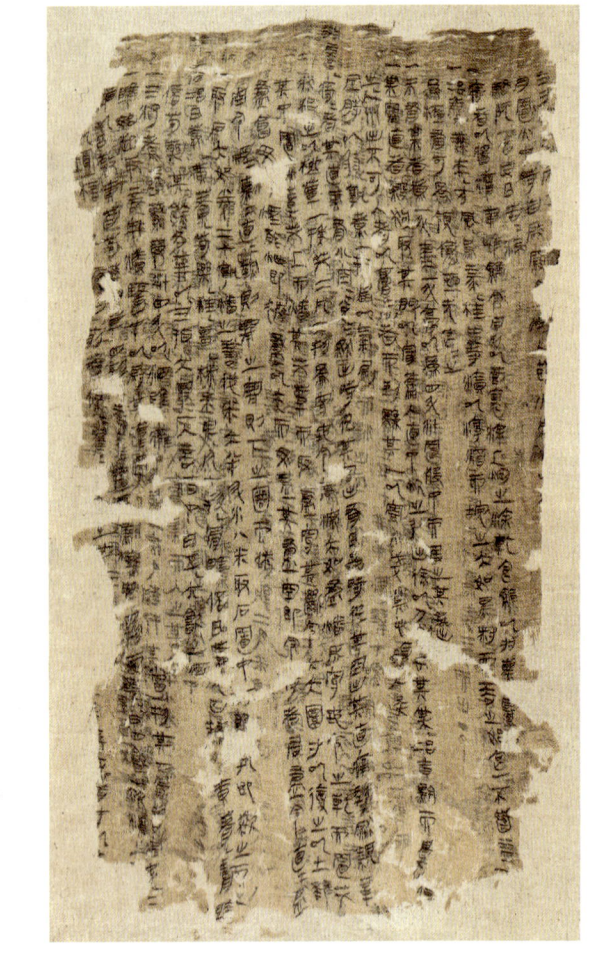

帛书《五十二病方》

（局部）

西汉初期

长31cm 宽18cm

利豨（xī）墓出土

  这是一部迄今所见最早、最完整的古医方专著，全书1万余字，记载了52类疾病的治病医方和疗法，书中有医方280个，药名254种。内容主要涉及内科、外科、妇科、儿科和五官科，其中记载最多的是外科疾病，诸如外伤、动物咬伤、痈疽（yōng jū）、溃烂、肿瘤、皮肤病、痔病等。帛书所记的医方中，以药疗为主，也有灸法、砭石及外科手术割治等。值得注意的是，该书记载的某种疾病往往有几种不同疗法，同一药物也常见几个不同的名称，证明这部医书是古人长期搜集积累的成果。

　　这部医书中的医方比较真实地反映了西汉初期以前的临床医学和方药学的发展水平，是古代劳动人民长期与疾病斗争积累起来的宝贵经验，在中国医学史上有着重要的地位和研究价值。

食补祛病有百利

帛书《养生方》（局部）

西汉初期
长25.7cm　宽14.7cm
利豨（xī）墓出土

　　《养生方》是世界上迄今最古老的养生学专科文献，现存3000余字，记有医方80余个，内容主要涉及防治衰老、增进体力、滋阴壮阳、美容黑发等方面。书中还记载了中国最古老的药酒酿方，对于了解古代养生学具有重要价值。

　　《养生方》中特别值得今人借鉴的是非常强调饮食疗法。俗语说："药补不如食补。"从食品中汲取营养、祛除疾病可谓是有百利而无一害。《养生方》中有多种用于食补的食品，如谷类和各种动物类，书中认为长期有计划、不间断地坚持服用，必能强身健体、长寿美容，这与现代的医学观点是一致的。

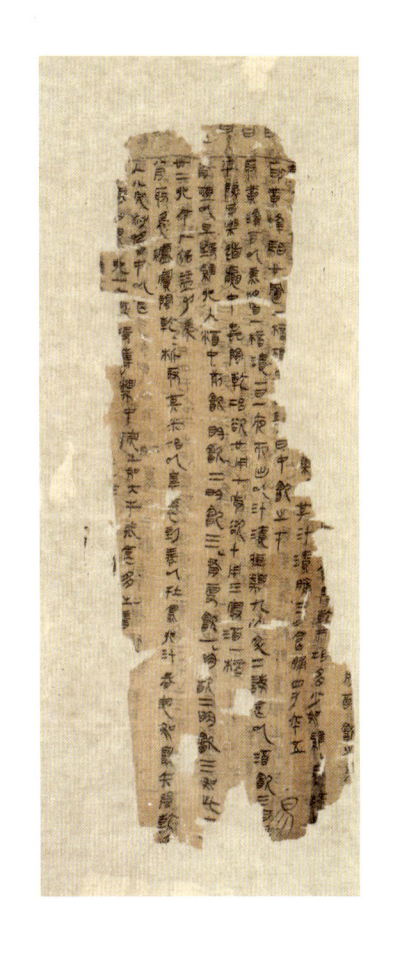

优生优育保健方

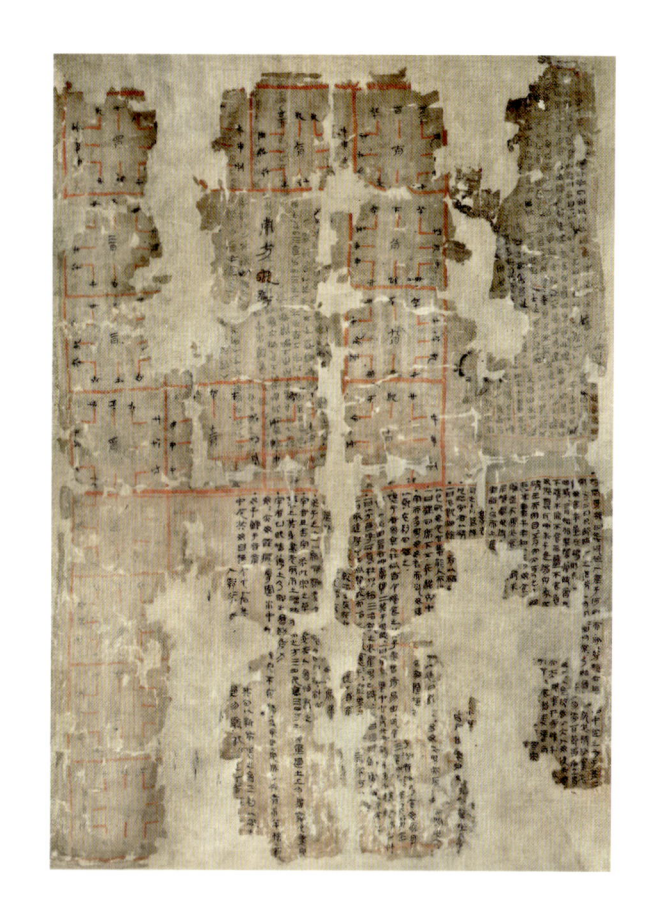

帛书《胎产书》

西汉初期
长47.5cm　宽33.5cm
利豨（xī）墓出土

　　这是一卷有关胎产的医学古籍，但书中记载的内容并不全是医方。在帛书的上方是两幅图画。左部为《禹藏埋胞图》，是一种迷信的埋藏新生儿胞衣选择方位图。右部为《人字图》，是一种根据胎儿产日预卜命运的迷信测算图。

　　帛书下半部分的文字内容包括十月胚胎的形成及产妇调养法、产后胞衣的处理和埋藏方法、胎孕男女的选择法、通过药物以治不孕法、产后母子保健法等。全书以孕期保健、优生优育为中心思想，是我国最早的优生优育理论。

顺应天地答十问

医简《十问》（局部）

西汉初期
长23cm　宽0.5～0.7cm
利豨（xī）墓出土

利豨墓中一共发现了200支医简。其中《十问》是现存最早的房中养生专科文献，内容主要是假托古代帝王、诸侯、官吏、名医、术士互相问答，讨论了十个养生保健的问题。特别指出要顺应天地阴阳四时的变化，注意饮食起居，并坚持练习气功及导引之术，尤其要注意的是要节制房室生活，重视房中养生即性保健，以求得健康长寿。

口角争辩寄巫法

医简《杂禁方》

西汉初期
长23cm
宽1.1～1.3cm
利豨墓出土

《杂禁方》是以符咒等巫术法来治疗夫妻不和、姑嫂相斗、婴儿夜啼及多噩梦等毛病。均涉及迷信之事，现在看来很是荒谬，古人却深信不疑，将解决问题之法寄托于巫术。

长沙马王堆汉墓

气运身动勤操练

《导引图》

西汉初期
长100cm 宽50cm
利豨（xī）墓出土

　　这幅《导引图》是现存最早的彩绘气功导引操练图。所谓导引就是呼吸运动和躯体运动相结合的一种体育医疗方式，相当于今天的保健医疗体操。图中用朱、褐、蓝、黑诸色彩绘出

了44个人物，有男有女有老有少，有的穿短衣短裤，有的穿长袍，有的光背，大部分徒手，少数手持器械，姿态动作各异。其中31幅图像旁边标有文字说明，展示了这个动作的名称及功用。

　　古代中国人在总结传统医学经验的基础上，除了求助于药物来治疗各种疾病之外，更重视通过强身健体的方式来预防疾病，或通过运动方式来辅助治疗部分慢性和轻微疾病。于是，导引术就逐渐发展成既有健身功能又有治病功能的养生之术。

叁 历史哲学

帛书《春秋事语》《战国纵横家书》记述春秋战国历史，对订正传世文献有重要价值。哲学著作除了众所周知而与传世本有明显不同的《周易》《老子》等外，还有《黄帝四经》等众多失传已久的古书，为人们认识先秦秦汉时期古人哲学思想提供了全新素材。

帛书《战国纵横家书》（局部）

西汉初期
长217cm 宽29cm
利豨（xī）墓出土

《战国纵横家书》主要记载的是战国时期纵横家苏秦等人的书信和游说活动，其中有16章内容不见于任何史书，就连汉武帝时著名的历史学家司马迁都不曾见过，可以说是非常珍贵。它对修订和补充《战国策》《史记》中有关战国时代的历史记载具有重要价值。开篇第一章为苏秦给燕王的一封书信，劝其合纵五国，共同伐秦。

纵横游说留青史

群经之首称周易

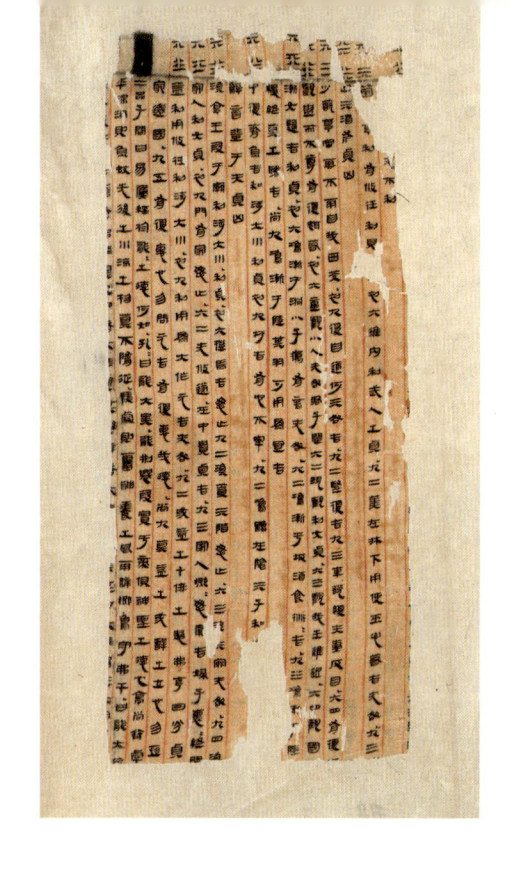

帛书《周易·六十四卦》（局部）

西汉初期

长30cm 宽21.5cm

利豨（xī）墓出土

　　《周易》是目前发现的最早的一部古代占筮之书，古称"群经之首"，其内容遍及政治、经济、军事、哲学等方方面面，构筑了我国传统医学和百余种术数学术的思想渊源和哲理框架，对中国传统文化的影响巨大深远。因辗转传抄的缘故，现存版本已很难反映《周易》的原貌。而马王堆汉墓出土的帛书《周易·六十四卦》，抄写年代大约在汉文帝初年，是现今所见最早的抄本之一。此本约5000字，每卦开头均绘有卦图，它上面记载的一些内容与传世本差异很大，对校勘订正通行本《周易》、研究《周易》和中国古代哲学思想具有重要价值。

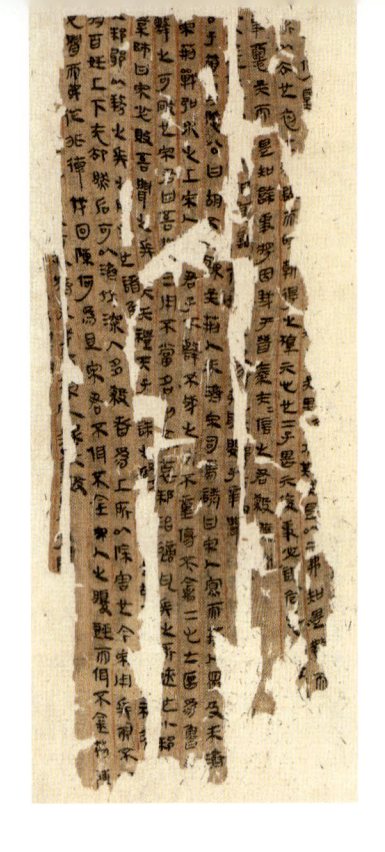

帛书《春秋事语》（局部）

西汉初期
长29.5cm 宽21cm
利豨（xī）墓出土

《春秋事语》中记载了公元前713—前453年间春秋各国的历史故事，与《左传》等传世文献中的史实基本相符，有些内容还可以补充其他史书中的不足。通过它，可以了解到更多春秋时期未曾得知的史实，为研究春秋时期的历史提供了新的资料。

春秋事语史实丰

帛书《老子》甲本（局部）

西汉初期
长317cm 宽25.2cm
利豨墓出土

"道可道，非常道""祸兮福之所倚，福兮祸之所伏"，它们都是出自我国道家学派和道教最著名的一部经典——《老子》。《老子》是中国历史上首部完整的哲学著作，其思想内容微言大义，一语万端，被华夏先辈誉为"万经之王"。因传世本由上篇"道经"与下篇"德经"两部分组成，故而现今又被称为《道德经》。据联合国教科文组织在20世纪80年代做出的统计，《老子》是除了《圣经》以外，被译成外国文字发行量最多的文化名著，可见其在世界各地的文化研究中占有举足

微言大义语万端

轻重的地位。

利豨（xī）墓出土的帛书《老子》，有甲、乙两种抄本，是现存最古老的《老子》抄本之一。其中，甲本用古隶书抄写，不避汉高祖刘邦讳，由此推断其抄写年代应该在汉高祖登基以前；乙本用早期隶书抄写，避刘邦讳，而不避汉惠帝刘盈讳，由此推断其抄写年代应该在惠帝继位之前。值得注意的是，两种抄本均为"德经"在前，"道经"在后，恰与传世本相反，并且字句与传世本多有不同，这为进一步研究老子思想提供了较早又可靠的史料依据。

肆 阴阳五行

马王堆帛书关于阴阳五行的内容很多。阴阳是指世界上一切事物都具有两种既互相对立又互相联系的力量；五行即由"木、火、土、金、水"五种基本元素的运行和变化所构成。战国时以邹衍为代表的阴阳五行说广为流行，被秦汉道家、儒家和方士吸取，广泛应用于社会生活的各个领域。

《"太一祝"图》

西汉初期
长43.5cm 宽45cm
利豨（xī）墓出土

这幅图出土于利豨墓的漆盒中，图分三层：图上部正中头戴鹿角的，就是古人又敬又怕的"太一神"，他的肩部左右两侧为雷、雨、风等天神；中层为4个执兵器的武神；下层有3条神龙。这是一幅群神共同护佑"太一神"出行的场景。全图具有浓厚的巫文化氛围，这与汉代巫术流行不无关系。有学者认为，墓主人生前为军事将领，这幅怪诞的图画，是墓主出征前祭祷"太一神"，以祈求战争胜利、保佑自己在作战中不受伤害的兵祷。

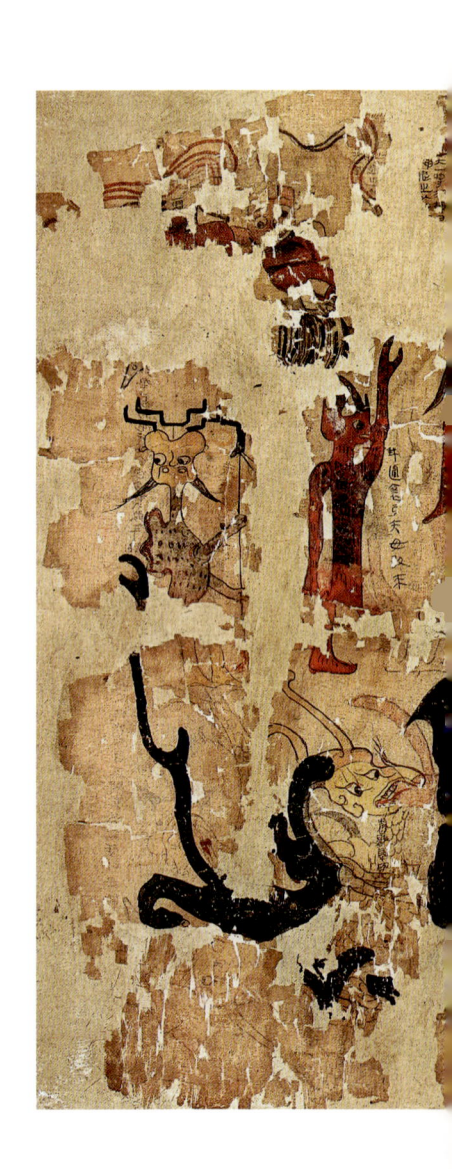

群神护佑将军胜

"太一"形象复原图

长沙马王堆汉墓

伯乐相马有迹寻

帛书《相马经》（局部）

西汉初期

长30.5cm　宽19cm

利豨（xī）墓出土

《相马经》是迄今所知最早的相马著作，内容主要是总结了如何通过观察马的目、睫、眉、骨等部位，鉴定马匹的优劣。帛书有对良马眼睛尺寸的记载："一寸逮鹿，二寸逮麋，三寸可以袭乌，四寸可以理天下。"所以有学者认为"马踏飞燕"青铜造型是一种相马模具，其中的"飞燕"实际是乌鸦，而马则属于帛书《相马经》中可以"袭乌"的天马。

《相马经》原著早已失传，利豨（xī）墓出土的这部帛书是它的重要抄本，全文用隶书抄写。从行文类似于赋体，和书中提到南山、汉水、江水等山川来推断，原著很有可能是战国时期楚人的著作。

兔头
鸟目
狐面
鸟颈
兔肩
鸟胸

狐耳
鱼鳍
鱼脊

袭乌

帛书记载良马特征示意图

第四单元
永生之梦

受当时生命观和宇宙观影响,马王堆汉墓被营造成现世、冥间、仙界杂糅的空间。既是死者的地下家园,也是灵魂幻化的场所。通过汉初特定的仪轨,结合南楚丧葬习俗,古人将生者对逝后世界的臆想与种种祈求,寄托于墓葬设置以及天象、祥瑞、升仙、辟邪等图像中,表现出强烈的生命意识和永生期盼,这是汉代思想和艺术的深湛结晶。

壹 T形帛画

据墓中遣册记载，T形帛画名为"非衣"（即"飞衣"），是墓主灵魂升天的媒介。帛画设计的空间与图像组合，描绘了通向天国的仪式与途径，体现了汉代的宇宙观和生命观。画面充满自然气息、神秘意味和浪漫色彩，多重古代神话和人们永生愿望浑然融合。其构形布局完美、图像造型生动、色彩鲜艳和谐，具有很高的思想与艺术价值，在中国绘画史上具有里程碑意义。

一钩弯月伴九日

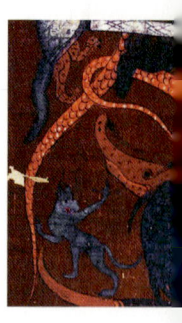

辛追墓T形帛画

西汉初期

长205cm　上宽92cm　下宽47.7cm

辛追墓出土

辛追墓出土的T形帛画由三块细绢拼合而成，顶端横裹一根竹竿，中部和下部四角各缀有青黑色的麻穗儿，横铺着像一件衣服。遣册中称它为"非衣"，是用于引魂升天的。出殡时人们用一根竹竿将它高高地挑起，举在出葬队伍的最前面，入葬时将它覆盖在内棺上，作为墓主灵魂升天的媒介。

帛画自上而下分别描绘了天上、人间和地下三个部分。居于中间最醒目位置的老妇人，就是辛追在人间的形象，她锦衣华服，手持拐杖缓缓西行，身后跟着三个面容姣好的侍女，面前两个男子跪地迎接，脚下华丽的帷幔下是她的家人，正摆放着各类祭祀供品悲痛地悼念她。

辛追夫人的上方是她要去往的天上世界，通往天国的天门两侧是拱手而立的守卫。帛画顶端披发而坐的人首蛇身的神怪是人们想象中的天国主宰，据《山海经》记载，这种神怪叫"烛龙"，能呼风唤雨，掌管四季昼夜的交替。神怪的左右两边分别是一钩弯月和九个太阳，弯月上站着蟾蜍和玉兔，九个太阳藏在扶桑树中，最显眼的太阳上还站着一只金乌，这实际上是古人对太阳黑子的观测结果。

帛画的底端是人们想象中的地下世界，那里有两条专门兴风作浪的交缠鲸鲵，其上立一巨人，他双手托着大地，保护着大地不受侵扰。

这幅帛画构形完美、色彩和谐，画面浪漫神秘，将人们心中的宇宙和想象中的死后世界交织，体现着汉代"魂气归天"的观念，是我国古代艺术中的瑰宝。看到它，可以感受到古人对天国的想象和永生的追求。

长沙马王堆汉墓

270 湖南博物院

满天星斗共暖阳

利豨（xī）墓T形帛画

西汉初期
长234.6cm　上宽141.6cm　下宽50cm
利豨墓出土

利豨墓出土的T形帛画比辛追墓的T形帛画制作年代更早，画幅更大，图像内涵更丰富。帛画主题和辛追墓帛画一样，也是用以引魂升天的，只是两者的布局和结构略有差别。

与辛追墓帛画中的一钩弯月和九个太阳的天上世界不同，利豨墓帛画的天上世界是一个太阳和满天的星斗。象征天国入口的天门下移到了帛画的中部，守卫天门的仙人穿着清秀的黑色长袍相向对坐。画面正中的墓主人利豨身穿红袍，头戴长冠，腰佩长剑，在侍从护卫下缓缓升天，他的家人正在旁边进行祭祀。

利豨墓帛画地下世界的左右两侧是两条相互缠绞的巨龙，它们一首向上，一首向下，张口吐舌，交互穿过画面中间的巨型谷纹璧向上盘绕。画面中的巨人双手擎龙，控制着巨龙，保护着大地，使人间不受侵扰。

如果将两幅帛画对比，会发现这幅帛画在绘画技巧和色彩布局上没有辛追墓帛画成熟。很有可能是因为利豨的突然死亡，使得帛画制作时间紧迫，仓促而就。虽然利豨墓帛画的艺术价值稍逊一筹，但它仍有助于研究古代绘画思想和古代绘画史。

长沙马王堆汉墓　271

贰 井椁

辛追墓外椁（guǒ）。原置于墓坑底部的三根方形枕木上，有盖板两层、顶板一层和底板两层。模仿生前居室的椁室，由棺室与四个边厢组成，形状像"井"字，古文献称其为"井椁"。边厢总面积6.8平方米，体积9.79立方米，放置随葬品1000多件。棺室内有4层套棺。整椁由杉木斫（zhuó）成，采用扣接、套榫（sǔn）与栓钉结合而成，其中最大的壁板长4.84米，宽1.52米，重1.5吨。这是迄今保存的最大、最完整的汉代井椁实物。

木椁

西汉初期

长672cm　宽488cm　高280cm

辛追墓出土

地下宫殿享奢华

　　軚（dài）侯夫人辛追不仅生前享受着荣华富贵，死后也葬在了为自己精心打造的"地下宫殿"中。这个"地下宫殿"称为椁，是专门用来装棺木和随葬品的。椁的结构十分复杂，它由枕木、椁室、盖板三部分组成。庞大的椁室放置于三根巨大的方形枕木上，椁室由四个边厢和正中的棺室构成，棺室中放置四重相套的木棺，边厢则用来放置随葬品，椁室的形制很像"井"字。

　　当专家们掀开木椁顶部的盖板、顶板后，一个丰富奢华的地下世界立刻展现在眼前。椁室四周是四个边厢，放置了各类随葬品1000余件。北边厢四周挂帷幔，底铺竹席，陈设各类饮食器、家具、歌舞俑、奏乐俑、侍女俑、梳妆用具等，模拟墓主辛追生前的生活。东边厢器物分为三层，有各类身份不同的木俑和盛放食物的漆器、陶器等，象征家丞和奴仆工作的地方。西边厢器物分为四层，有盛放各类物品的竹笥（sì）、竹篓等，象征储藏室。南边厢与东边厢相似，有大量木俑和陶器、漆器。

让人瞠目的还有这如此庞大的椁（guǒ）室，竟没有用一颗金属嵌钉，全部采用扣接、套榫（sǔn）与栓钉的结构，彼此严丝合缝，令人叹为观止。这座巨型木椁是我国现今出土的最大、最完整的汉代井椁实物。

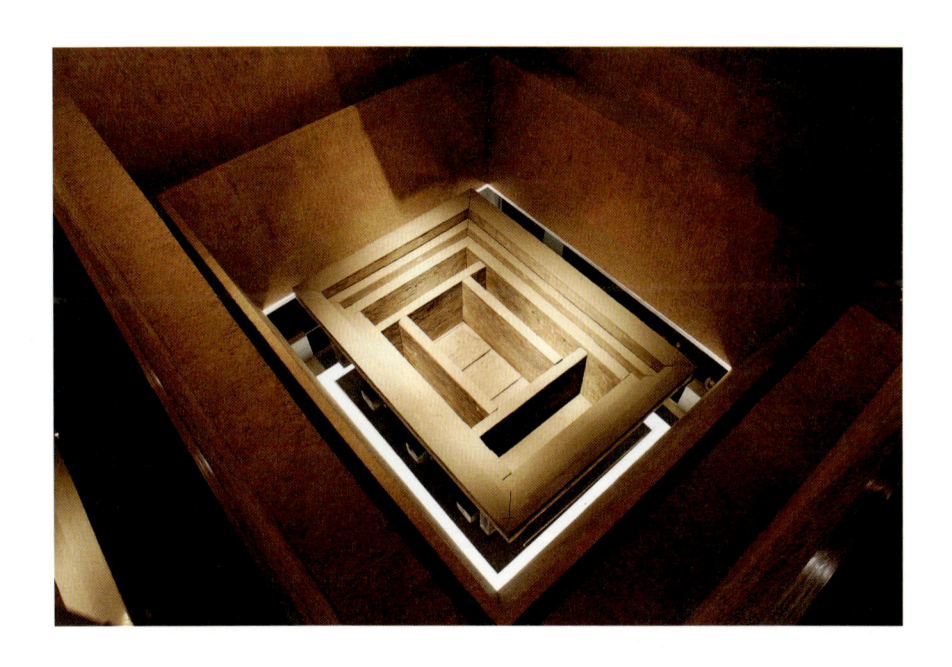

> **小知识：棺椁**
>
> 　　棺，指的是装殓尸体的器具；椁，是套在棺外的外棺（大的套棺）。
> 　　棺椁制度是周代丧葬礼制的组成部分，也是反映墓主身份等级的主要依据。棺椁制度主要包含棺椁大小、材质、棺椁重数、椁室数量、棺束和棺饰等几个方面，其中尤以棺椁重数和椁室数量最能体现身份等级差别。

长沙马王堆汉墓

叁 四重套棺

暗中魂灵升仙国

棺室放置了四重漆棺，套合紧密，均用楸木（梓木）制成，按汉代礼制只有高级贵族才能享用。套棺由外至内为：黑漆素棺、黑地彩绘漆棺、朱地彩绘漆棺、锦饰漆棺，寓意墓主灵魂由黑暗空间到天国仙府的穿越之旅。其中两副彩绘漆棺内容奇幻，风格浪漫，具有浓郁的楚文化色彩，代表了汉代漆画的最高水平。锦饰漆棺迄今仅此一件。

黑漆素棺

西汉初期
长295cm 宽150cm 高144cm
辛追墓出土

在辛追墓椁（guǒ）室中央的棺室里，一共放置了四层套合紧密的漆棺，均以梓木制成。第一层是黑漆素棺，棺外全身髹（xiū）有黑漆，没有任何装饰，看起来非常沉闷。黑色的象征意味很明显，在汉代，黑色与北方、阴、长夜、水和地下相关，而这一切概念又都与死亡联系在一起。对那些参加轪（dài）侯夫人的葬礼或旁观的人来说，这最外一重的黑色棺材是他们唯一所能看到的物件。庄重的黑色意味着把死者与生者永远分开的死亡。

神怪护佑幽冥处

黑地彩绘漆棺

西汉初期
长256cm　宽118cm　高114cm
辛追墓出土

　　第一层黑漆素棺打开后，展现出来的是第二层黑地彩绘漆棺，棺外的基本颜色也是黑色，象征着地府。黑地上漆绘有云纹和110多个栩栩如生的神怪动物形象，就像一幅展开的连环画，描绘出一个神秘逍遥的地下世界。这个世界里有怪神吞蛇、仙鹤啄蛇、仙人降豹、仙鹤啄食和赤豹伏地等许多神怪形象，其中出现最多的是一种似羊非羊、似虎非虎、头上长角、身上有尾的怪兽怪神，它是以手里抓着蛇或嘴里咬着蛇的形象出现。古人认为蛇对墓中的尸体有着极大的危害，所以这个怪兽应该是墓主人的"保护者"，使墓主人的灵魂不被侵扰，肉身不被损坏。

　　黑地彩绘漆棺上所描绘的神怪变化多端，营造出的世界十分浪漫，不得不让人惊叹汉代工匠丰富的想象力和熟练的技法，是我国漆器工艺史上不可多得的艺术珍品。

远离邪魔见光芒

朱地彩绘漆棺

西汉初期

长230cm 宽92cm 高89cm

辛追墓出土

　　辛追墓中的第三层棺是朱地彩绘漆棺，这层漆棺颜色鲜丽、画面祥和，表现的是灵魂穿越黑暗空间和地下世界飞升到祥和的人间仙境。朱地彩绘漆棺的通体内外皆髹（xiū）朱漆，闪耀着红日般的光芒，红色象征着太阳、南方、生命和不死。在漆棺头挡和侧面部分上描绘的是第一仙山——昆仑山，山间绘有象征祥瑞的青龙、白虎、朱雀、神鹿和仙人等。墓主人和它们一同登上了昆仑仙山，象征墓主人灵魂已摆脱了邪魔的侵扰到达了安详的神仙世界。

　　这件漆棺整体构图讲究对称平衡，色彩强烈明快，注重神态的表现，用线干净利落。它的神化题材和堆漆工艺都受到了楚文化的影响，具有浓郁的楚文化色彩。绘画时画工兼用了平涂渲染和堆漆工艺，使纹饰显出浮雕感，代表了汉代漆器工艺的高度成就，为研究西汉初期绘画艺术提供了珍贵资料。

羽化升仙棺披装

锦饰漆棺

西汉初期
长202cm 宽69cm 通高63cm
辛追墓出土

　　这是辛追墓中的第四层棺,也是直接装殓辛追夫人遗体的内棺。棺内髤（xiū）朱漆,棺外髤黑漆。棺外横缠两道宽12厘米、厚6至7层的丝带。在棺的盖板和四壁上,还有树纹铺绒绣和羽毛贴花绢装饰。这一点让考古学家们十分惊奇,因为在棺外贴丝织品做装饰的现象,之前只见于史书记载,这次是迄今第一次发现实物资料。根据《史记》等书记载,在西汉,人们认为凡人要成仙,必须经过羽化的阶段,即所谓的"羽化而登仙"。为了达到这一目的,人们往往会在装殓逝去先人的内棺上贴上羽毛,实际就是给内棺穿上羽衣,希望墓主人能在羽衣的协助下到达不死仙境。

长沙马王堆汉墓　277

羽毛贴花寄永生

羽毛贴花绢

西汉初期
长81.5cm　宽42cm
辛追墓出土

　　这幅羽毛贴花绢是锦饰内棺盖板和四壁的装饰品，在我国属于首次发现。它的菱形图案是用绢条和棕、红各色羽毛贴在素绢面上制成的，有着"羽化升仙"的美好寓意。它与帛画所绘升仙图景相呼应，寄托了人们追求死后永恒的美好愿望。

树纹铺绒绣

西汉初期
长67cm　宽25cm
辛追墓出土

　　树纹铺绒绣是锦饰内棺上装饰的绣品，织绣时先用朱红、黑、棕三色的丝线在素色绢上绣出黑色斜方格纹，格内再绣红色和烟色的树纹。汉代绣品大多采用锁绣针法，只有这件是采用"铺绒"制成的，是现今所见最早的平针满绣工艺。

肆 肉身不朽

汉时人们认为，人死后的灵魂需依托肉体才能存在，要得到永生，须设法保存遗体。在汉代遗体保存的诸多方法中，辛追遗体是迄今最为成功的案例。出土时身高1.54米，体重34.3公斤。全身润泽，皮下软组织柔软而富弹性，关节尚可活动。眼睫毛、鼻毛尚存，左耳鼓膜完好，手指、脚趾纹清晰。这是世界上发现的第一具年代久远、保存完好的软体湿尸，被医学界命名为"马王堆尸"，是与木乃伊、尸蜡、鞣尸、冰人等并称的一种古尸类型。

辛追遗体

经体检发现，辛追内脏器官保存完好，胶原纤维与刚去世时相似，细如发丝的肺部迷走神经历历可数，血管里尚有凝固的血块，血型为A型。

据病理检查，她生前患有多种疾病，如冠心病、动脉粥样硬化、多发性胆石症，并在直肠和肝脏内发现了鞭虫卵、蛲虫卵、血吸虫卵。在其食管、肠胃内发现了138粒半甜瓜子，可知她死于瓜熟季节。按病症推断，她可能是由胆绞痛引起冠心病发作致死，去世时年约50岁。

辛追墓T形帛画（局部）

鱼尾相结九道横

鱼尾纹组带

西汉初期

长100cm 宽13cm

辛追墓出土

古人死后要用布带将包裹衣衾（qīn）的遗体捆扎起来，辛追遗体经层层包裹后，用九条组带等距离横向捆扎。

辛追遗体保存之谜

辛追遗体保存千年不腐的原因：一是深埋，墓坑深16米，封土高4.5米。二是密封，木椁（guǒ）用70块巨木拼合，四重套棺榫（sǔn）合紧严，密不透风；椁外填塞5000多公斤的木炭和1米多厚的白膏泥，可以防潮、防渗透，形成恒温恒湿、无菌缺氧环境。三是防腐，棺内40多升浸泡遗体的棺液，经化验含汞化物和氨基酸等化学成分，具有轻度杀菌防腐的作用。

生字词注音释义

顺序	生字词	释义
B	柲（bì）	柄，多指兵器的柄。
	篦（bì）	篦子，一种密齿的梳头用具。
	钹（bó）	乐器名。由铜制成，圆形，中间隆起如半球，一副共有两个圆片，相互敲击以发声。
	镈（bó）	一种形制接近于钟的打击乐器。
	瓿（bù）	古代的一种小瓮，同缶。青铜或陶制，用以盛酒或水，亦用于盛酱。
C	锸（chā）	一种起土、穿土、培土等主要的农业生产工具，相当于铁锹。
	喫（chī）	同"吃"，摄食食物、饮料。
	螭（chī）	古代传说中没有角的龙。古代建筑中或工艺品上常用它的形状做装饰。
	舂（chōng）	1.用杵臼捣去谷物皮壳。2.捣碎某种物体。
	錞（chún）	錞于，古代铜制的打击乐器。
	疵（cī）	1.病。2.缺陷；缺点。
	簇（cù）	1.聚；集。2.聚集成堆的事物。3.量词。用于聚集在一起的东西。4.副词。表示程度，相当于"很"。
D	軑（dài）	车毂端圆管状的铁帽。
	石（dàn）	容量单位，10斗等于1石。多音字，也读（shí），石（shí）头。
	峒（dòng）	峒蛮，亦作"洞蛮"。唐宋时对居住在我国南方地区少数民族（包括畲族先民）的泛称。
	牍（dú）	1.古代写字用的木片。2.书信；公文。
	敦（duì）	青铜器名，盛黍稷的器具。多音字，也读（dūn），表示诚恳。
	镦（duì）	矛戟柄末的平底金属套。
E	垩（è）	白色的土。泛指用来涂饰的各色土。
F	钫（fāng）	古代储酒器具。
	缶（fǒu）	青铜缶分为尊缶和浴缶，尊缶是盛酒器，浴缶则是盛水器。
	莩（fú）	棕莩，由棕丝捆扎而成，其大致状态有些像我们生活中的毛刷。
	涪（fú）	涪江，水名，在四川，流入嘉陵江。
	箙（fú）	矢箙，装箭用具，箭袋。
	幞（fú）	幞头，古代男子用的一种头巾。
	簠（fǔ）	古人盛放黍、稷、稻、梁的方形器皿。

顺序	生字词	释义
G	藁（gǎo）	藁本，中药名，具有除湿散寒、祛风止痛的功效。
	槅（gé）	古代一种分层或分格盛食物的器具。
	觥（gōng）	古代一种盛酒的容器。
	觚（gū）	1.古代一种盛酒器具。2.古代用来写字的木简。3.棱角。
	盥（guàn）	沃盥，浇水洗手。
	簋（guǐ）	古代盛食物的器具。圆口，两耳。
	鳜（guì）	鳜鱼，又名桂鱼。体侧扁，背隆起，青黄色。大口，细鳞。是我国名贵的淡水鱼类之一。
	椁（guǒ）	套在棺材外面的大棺材。
H	盉（hé）	调酒器。
	祜（hù）	福。
	圜（huán）	同"环"。多音字，读（yuán）时，同"圆"。
	徨（huáng）	彷徨，彷徨。
	璜（huáng）	古代一种玉器，半圆形。
	镬（huò）	古代煮牲肉的大型烹饪铜器之一，古时指无足的鼎。今南方称锅子叫镬子。
J	羁縻（jī mí）	"羁縻政策"是历代中央王朝在多民族国家里对社会发展落后的少数民族地区所采取的一种民族政策。
	跽（jì）	长跪，从足，忌声。
	铗（jiá）	剑柄，代指剑。
	斝（jiǎ）	古代饮酒器。圆口，平底，三足。
	羯（jié）	1.羯羊，骟过的公羊。2.我国古代民族名，是匈奴的一个分支，西晋末迁入上党武乡羯室之地（今山西省潞城一带），因以得名。东晋时，羯人石勒在黄河流域建立后赵，是五代十六国之一。3.羯鼓，乐器名。源自西域，状似小鼓，两面蒙皮，均可击打。
	粳（jīng）	粳稻，水稻的一类，米粒短而粗。
	裾（jū）	衣服的前襟。
	秬鬯（jù chàng）	用黍和香草酿的酒。古代以黑黍和郁金酿造的酒，用于祭祀降神及赏赐有功的诸侯，是古代皇帝九种特赐用物（九锡）之一。
K	箜篌（kōng hóu）	又称坎侯或空侯，是中国传统拨弦乐器。在古代除宫廷乐使用外，在民间也流传。
	夔（kuí）	传说中的山怪名。
	廓（kuò）	寥廓，深远空虚。

生字词注音释义　283

顺序	生字词	释义
L	罍（léi）	古代一种盛酒的容器。小口，广肩，深腹，圈足，有盖，多用青铜或陶制成。
	澧（lǐ）	澧水，水名。在今湖南西北部，流入洞庭湖。
	奁（lián）	古代女子存放梳妆用品的镜箱。
	鬣（liè）	某些动物颈上的长毛。
	廪（lǐn）	仓廪，粮仓，仓库。
	哢（lòng）	鸟叫。
	盝（lù）	盝顶，古代传统建筑的一种屋顶样式，顶部有四个正脊围成为平顶，下接庑（wǔ）殿顶。
M	汨（mì）	汨罗江，水名。源出江西，流入洞庭湖。
	邈（miǎo）	指距离遥远，也指久远，渺茫，模糊不清，高远。
N	铙（náo）	一种打击乐器。
	镊（niè）	夹取细小东西的器具，一般用金属制成，通称"镊子"。
	弩（nǔ）	本义是一种利用机械力量射箭的弓，后引申为射弩的弓箭手等。
P	蟠（pán）	1.曲折；环绕。2.弯曲。
	蟠螭（pán chī）	蟠螭是龙属的蛇状神怪之物，是一种无角的早期龙，对蟠螭也有两种说法，一种是指黄色的无角龙，另一种是指雌性的龙。
	蟠虺（pán huǐ）	青铜器纹饰的一种，以蟠曲的小蛇的形象，构成几何图形。
	鋬（pàn）	器物侧边供手提拿的部分。
	帔（pèi）	古代贵族妇女的礼服——大袖褙子。
	醥（piǎo）	清酒。
	濮（pú）	1.古水名。在河南。2.地名用字。
Q	耆（qí）	本指六十岁老人。泛指老人。
	悭（qiān）	1.小气；吝啬。2.缺欠。
	衾（qīn）	1.被子。2.尸体入殓时盖尸体的东西。
	磬（qìng）	本意是一种打击乐器，用石或玉制成，形状像曲尺。
	銎（qióng）	斧子上安柄的孔。
	癯（qú）	清癯，指清瘦。
	囷（qūn）	古代一种圆形谷仓。
R	衽（rèn）	衣襟。
	蕤（ruí）	1.衣服帐幔或其他物体上的悬垂饰物。2.花。3.花蕊。
	枘（ruì）	榫头。指器物凹凸相接处凸出的部分。

顺序	生字词	释义
S	觞（shāng）	盛满酒的酒杯，也泛指酒器。
	杓（sháo）	同"勺"，舀东西的工具。有柄，一般为空心半球形。
	韘（shè）	古代射箭时戴在手上的扳指，韘形佩，俗称鸡心佩。
	谂（shěn）	1.规谏；劝告。2.知道；知悉。
	豕（shǐ）	猪。
	澍（shù）	1.及时雨。2.恩泽。
	笥（sì）	竹筒，古代较为普遍使用的一种盛物器具。
	榫（sǔn）	器物两部分利用凹凸相接法的凸出的部分。
T	炱（tái）	烟炱，烟气凝积而成的黑灰（俗称"烟子"或"煤子"）。
	骰（tóu）	通称色（shǎi）子，一种赌具。
W	袜（wà）	见"袜"，袜子。
	剜（wān）	用刀挖去。
	嵬（wéi）	高大耸立。
	庑（wǔ）	1.堂下周围的屋子。2.堂下左右的屋子。3.堂下四周的走廊。
	寤寐（wù mèi）	醒与睡。常用以指日夜。
X	翕（xī）	本义是闭合、收拢，可表示合、聚、和顺的意思，另也可指鸟类躯部背面和两翼表面的总称。
	豨（xī）	1.豨莶，一年生草本植物，茎上有灰白色的毛，叶对生，椭圆形或卵形。2.古书上指猪。
	觋（xí）	男巫。
	纚（xǐ）	原为束发之帛，后为冠的代称。古称丝织的冠为纚，冠上涂以生漆的为漆纚冠，后俗称乌纱帽。
	铣（xiǎn）	有光泽的金属。
	籼（xiān）	籼稻，水稻的一种，米粒细而长。
	飨（xiǎng）	1.乡人相聚宴饮。2.设盛宴款待宾客。3.泛指请人享受。
	骹（xiāo）	古同"髇"，响箭。
	鸮（xiāo）	古代对猫头鹰一类鸟的统称。
	髤（xiū）	用漆涂在器物上。
	盨（xǔ）	中国古代盛食物的铜器。
	揗（xún）	1.古同"循"，顺着；沿着。2.抚摩。3.顺；顺从。
Y	甗（yǎn）	古代炊具，中部有箅（bì）子。
	匜（yí）	古代盥洗时舀水用的器具，形状像瓢。

生字词注音释义 285

顺序	生字词	释义
Y	嶷（yí）	九嶷山，又名苍梧山。位于中国湖南省南部永州市宁远县境内。
	挹（yì）	舀，挹取。
	郢（yǐng）	古地名。春秋时，楚文王建都于郢，故址在今湖北江陵西北纪南城。楚国都城屡有迁徙，凡迁至之地均称郢。
	痈疽（yōng jū）	发生于体表、四肢、内脏的急性化脓性疾患。
	甬（yǒng）	一说其古字形像有柄的钟，甬指钟上的系组，又指钟。一说古字形像木桶。
	卣（yǒu）	古代盛酒器。
	侑（yòu）	侑酒为饮酒者助兴。
	彧（yù）	彧彧，文采繁盛。
	钺（yuè）	1.古代兵器，青铜制，像斧，比斧大，圆刃可砍劈，中国商及西周盛行。又有玉石制的，供礼仪、殡葬用。2.古星名。
Z	錾（zàn）	1.小凿子。2.在金石上雕刻。
	甑（zèng）	古代炊具，底部有许多透蒸汽的小孔，放在槅上蒸煮食物。
	桢（zhēn）	古代筑土墙时所立的木柱。
	钲（zhēng）	古代的一种乐器，用铜做的，似钟而狭长，有长柄可执，口向上以物击之而鸣。
	卮（zhī）	古代盛酒的器皿。
	雉（zhì）	鸟名，通称"野鸡"。
	擿（zhì）	挑出，剔除。
	锺（zhōng）	一种容器，也指一种酒杯。
	茱萸（zhū yú）	茱萸，又名"越椒""艾子"，是一种双子叶植物，具备杀虫消毒、逐寒祛风的功能。
	苎（zhù）	苎麻，多年生草本植物。
	纻（zhù）	纻，用苎麻纤维织的布。夹纻胎，又称"脱胎"，是以木或泥做成内胎，再以涂漆灰的麻布等裱糊若干层，干实后，去掉内胎，最后在麻布壳上髹漆。
	斫（zhuó）	大锄，引申为用刀、斧等砍。斫木指被砍削的树。
	镞（zú）	箭镞又名箭簇，即金属箭头。
	鐏（zūn）	戈柄下端的圆锥形金属套。

忆华年主要文博类出版物

博典·博物馆笔记书

已出版——
《故宫里的海底精灵》
《故宫里的晴空白羽》
《故宫里的瑰丽珐琅》
《故宫里的温润君子》
《故宫里的金色时光》
《故宫里的琳琅烟云》
《故宫里的夜宴清歌》
《故宫里的阆苑魅影》
《故宫里的诗经墨韵》
《故宫里的洛神之恋》
《故宫里的金枝玉叶》
《故宫里的花语清风》
《故宫里的天子闲趣》
《故宫里的丽人雅趣》
《故宫里的童子妙趣》
《故宫里的禅定瑜伽》
《故宫里的花样冰嬉》
《故宫里的森林"萌"主》
《渔舟唱晚·墨霖山海》

待出版——
《故宫里的丹心爱犬》
《故宫里的绿鬓红颜》
《故宫里的顽皮宝贝》
《故宫里的十二生肖》
《故宫里的百态造像（动物）》
《故宫里的百态造像（人物）》

全国博物馆通识系列·一本博物馆

已出版——
《一本博物馆 南京博物院》
《一本博物馆 陕西历史博物馆》
《一本博物馆 湖北省博物馆》
《一本博物馆 湖南博物院》

待出版——
《一本博物馆 辽宁省博物馆》
《一本博物馆 大同市博物馆》
《一本博物馆 广东省博物馆》
《一本博物馆 成都博物馆》
《一本博物馆 安徽博物院》
《一本博物馆 山东博物馆》
《一本博物馆 重庆中国三峡博物馆》
《一本博物馆 中国(海南)南海博物馆》
《一本博物馆 广西壮族自治区博物馆》

我爱灿烂的五千年

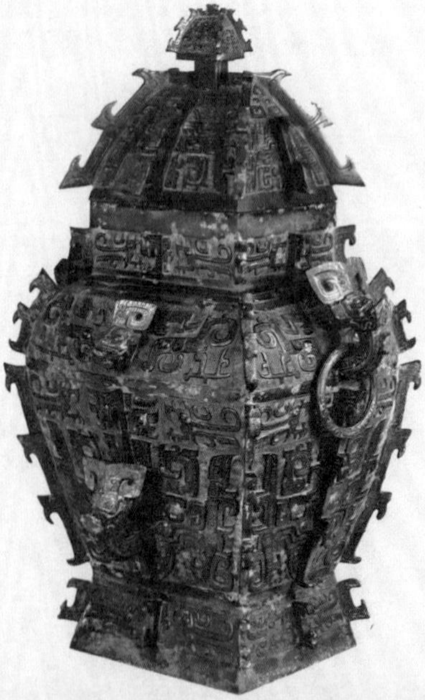

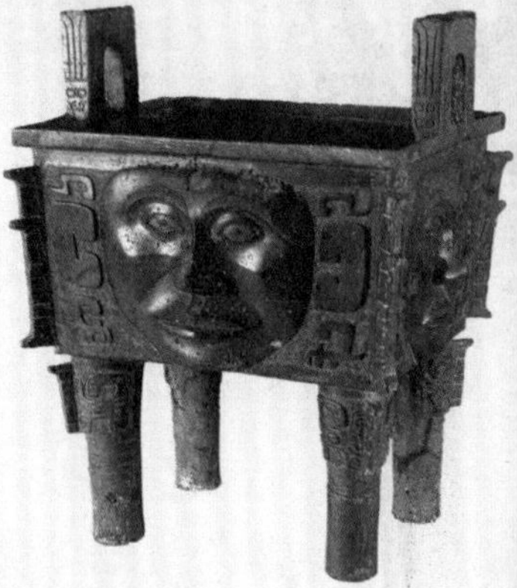

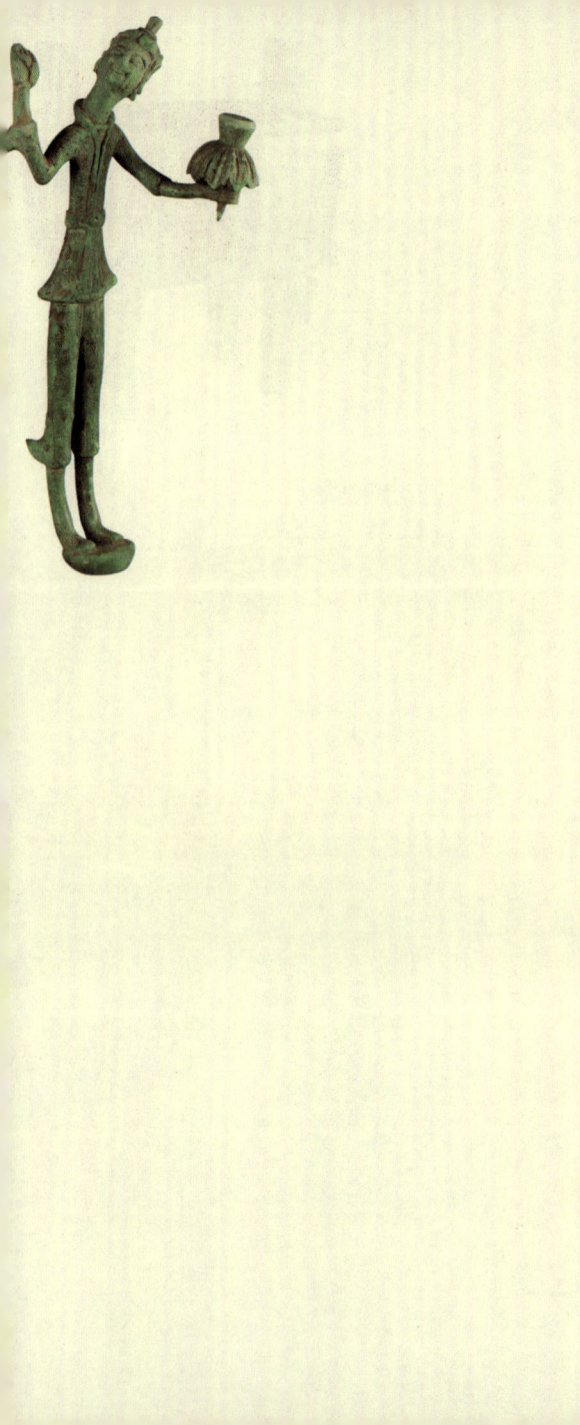

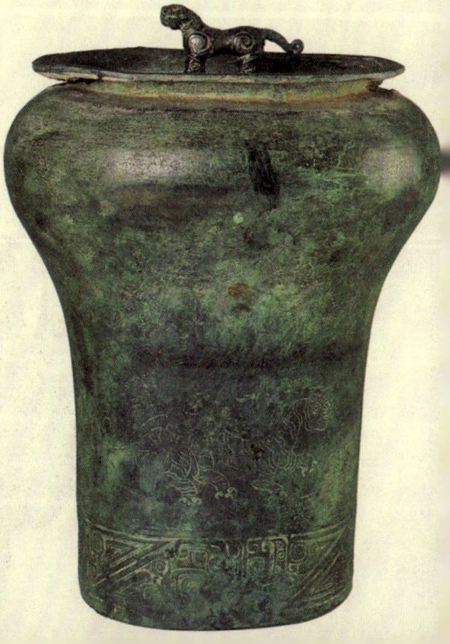

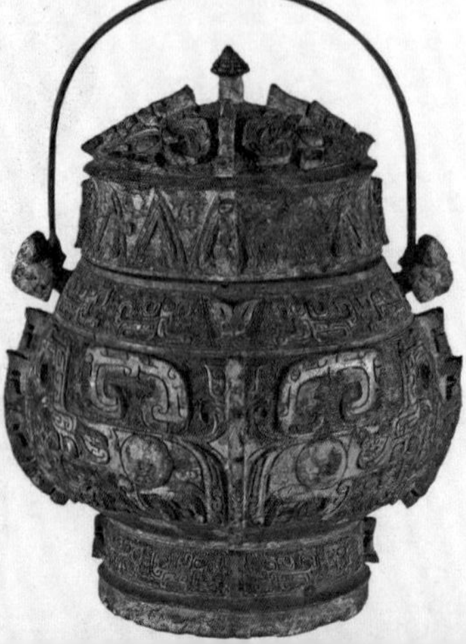

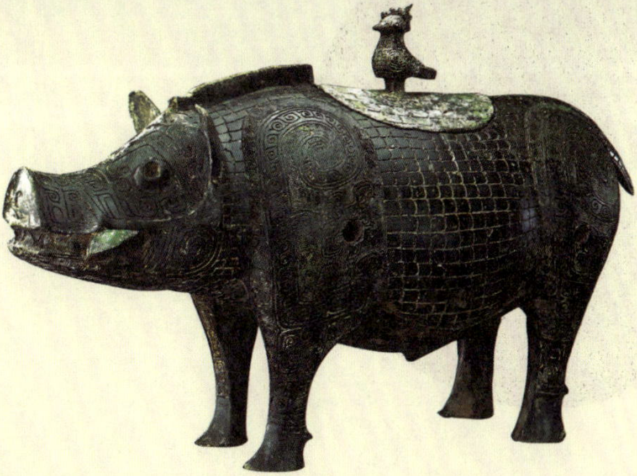

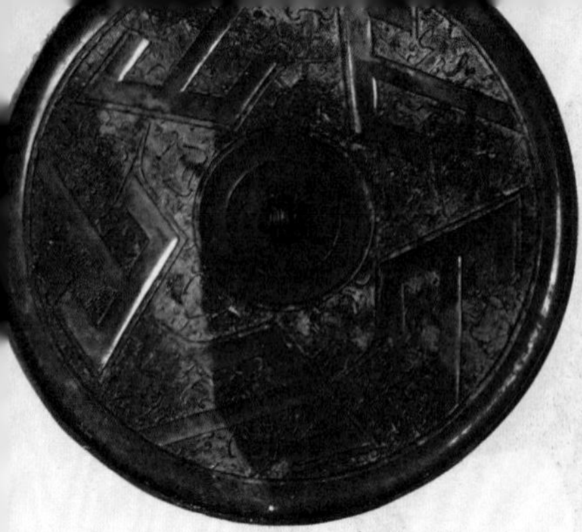

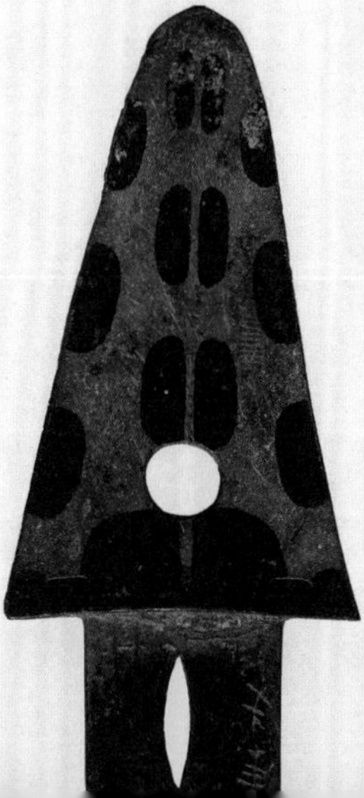

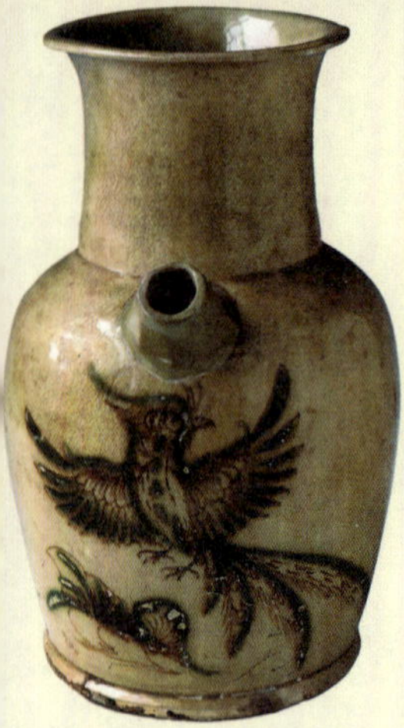

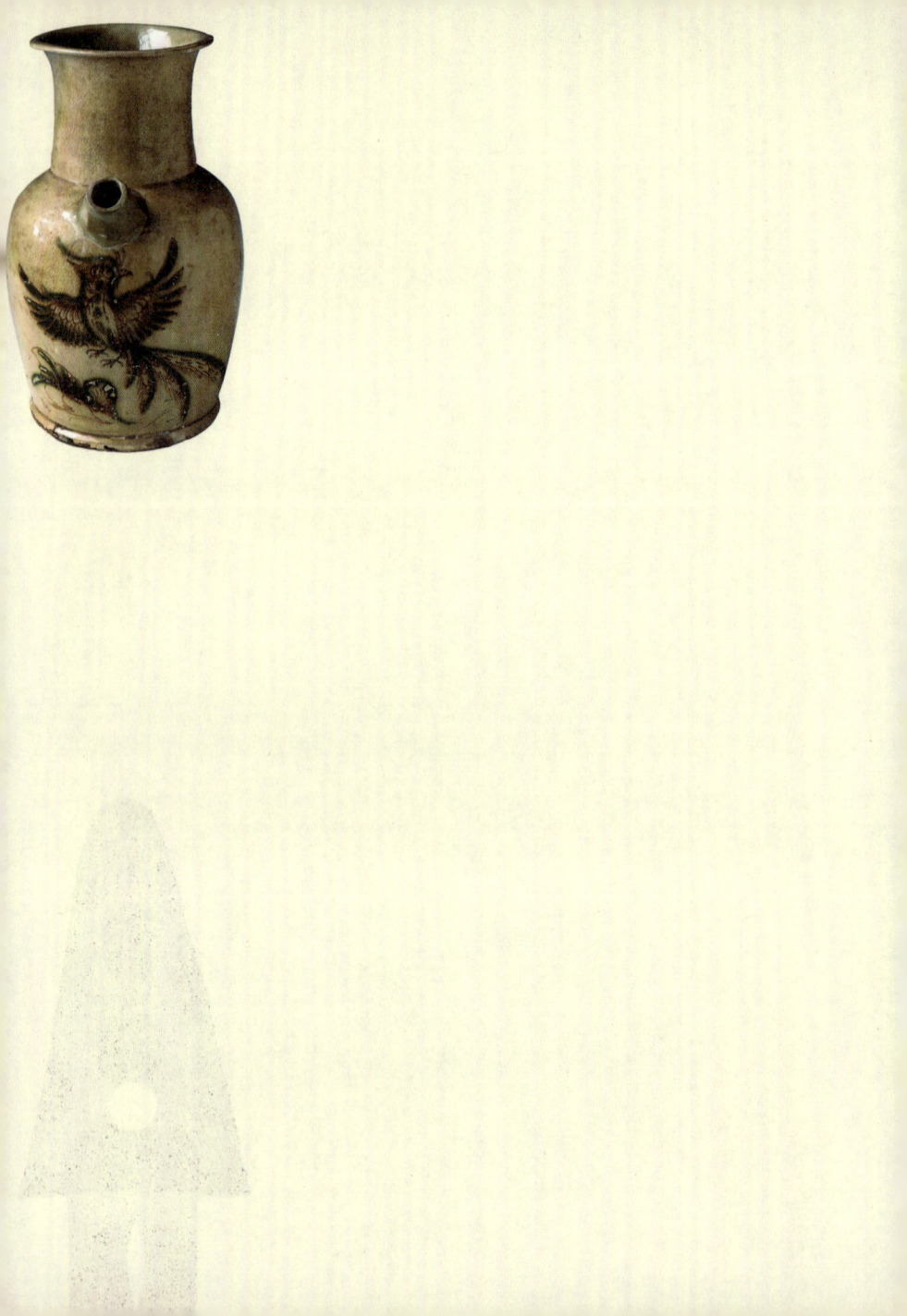

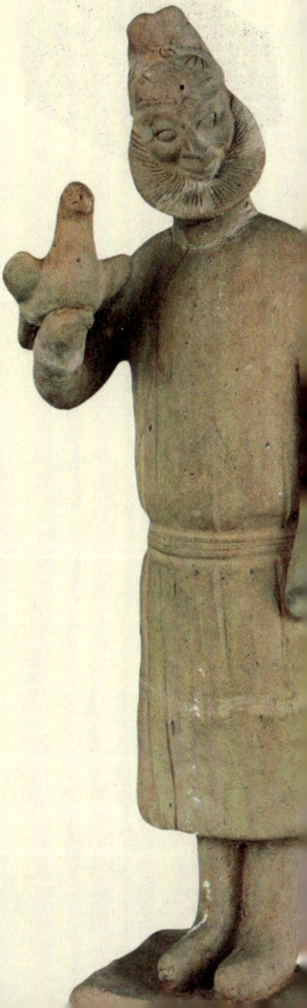

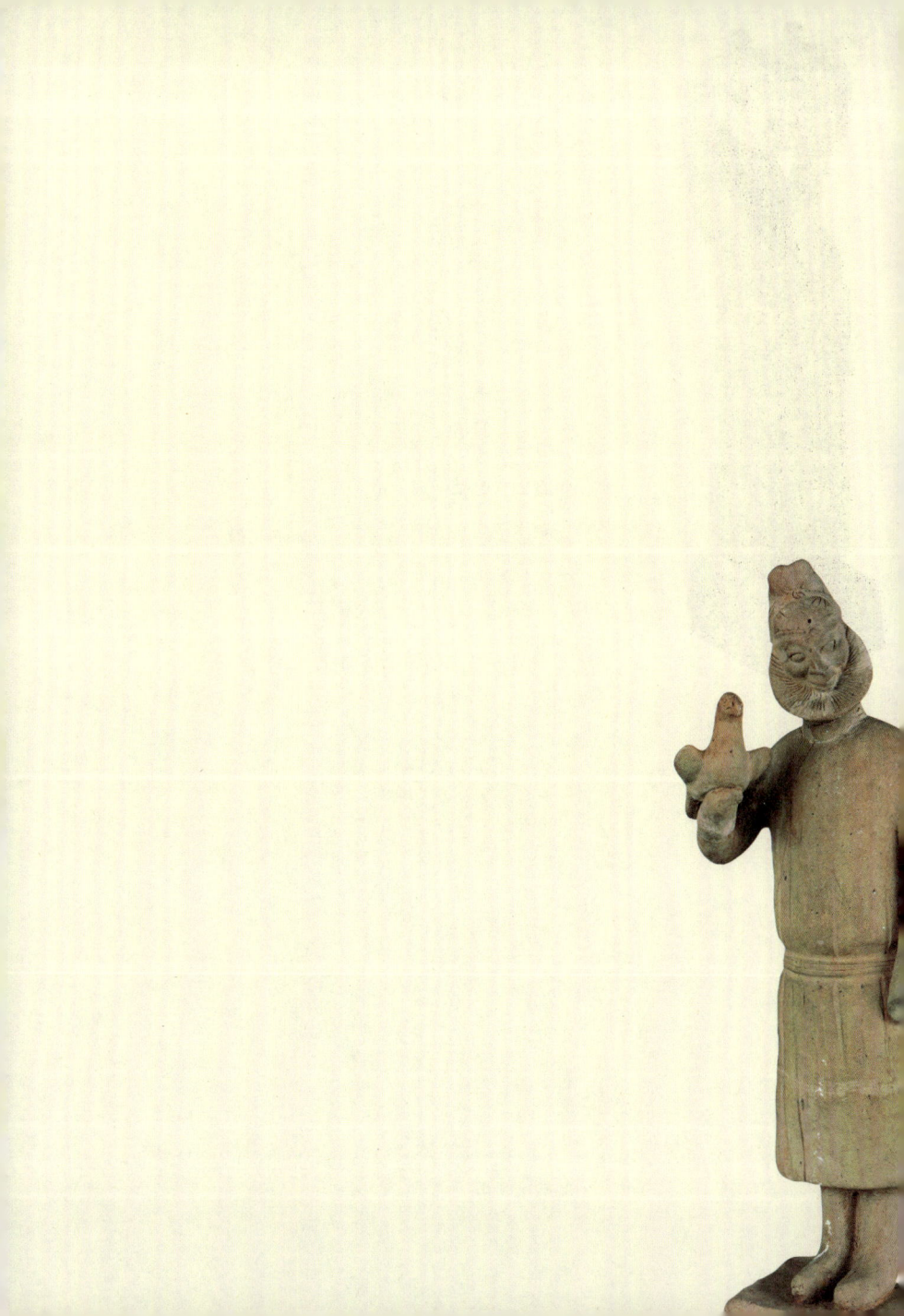

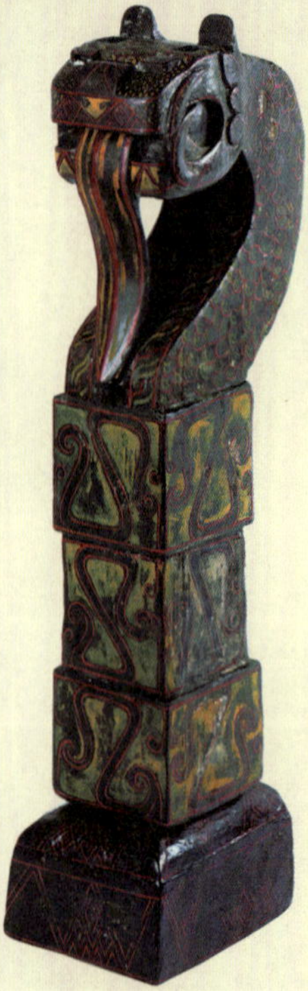

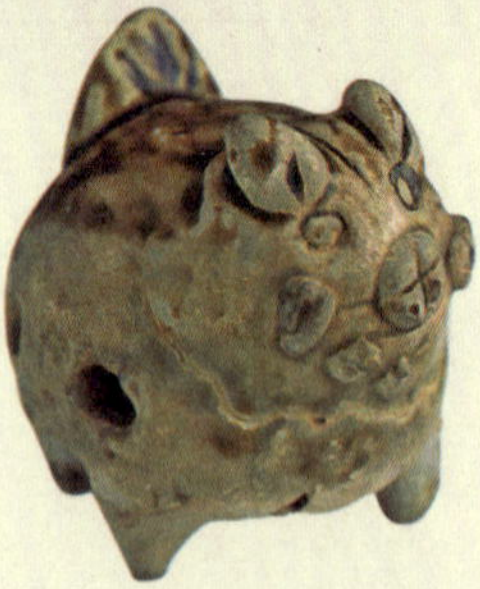

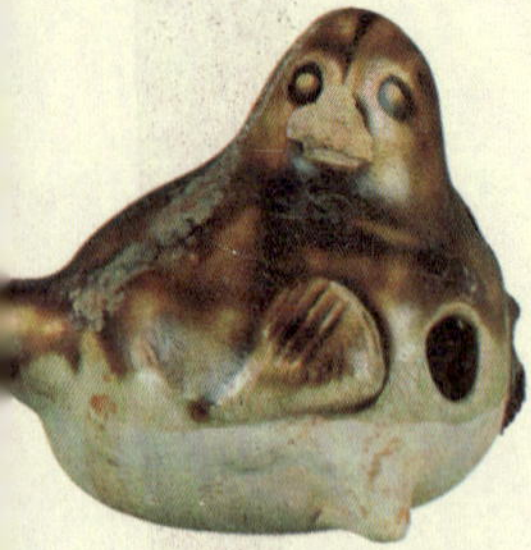

略

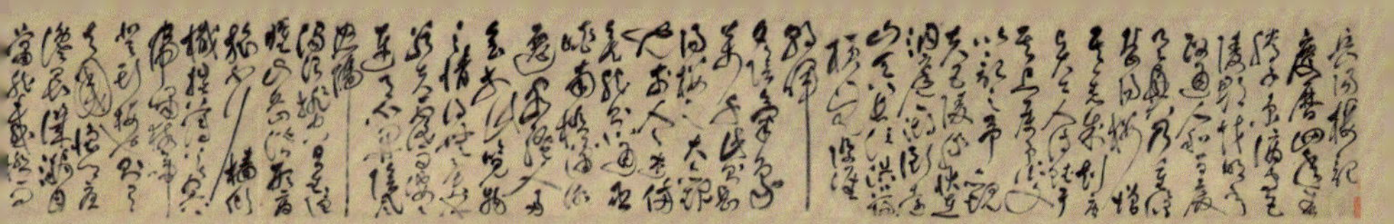

朋建

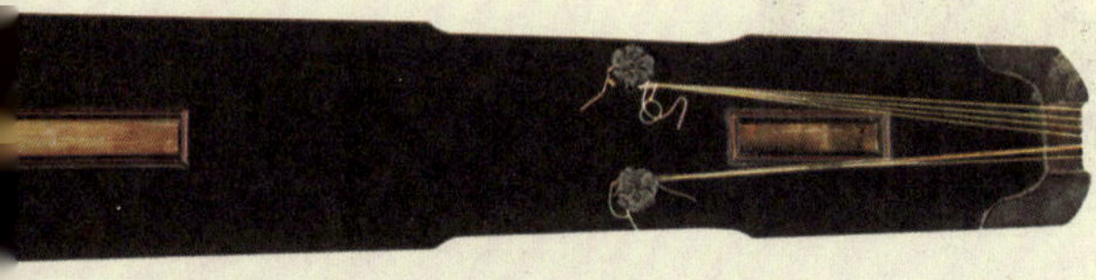

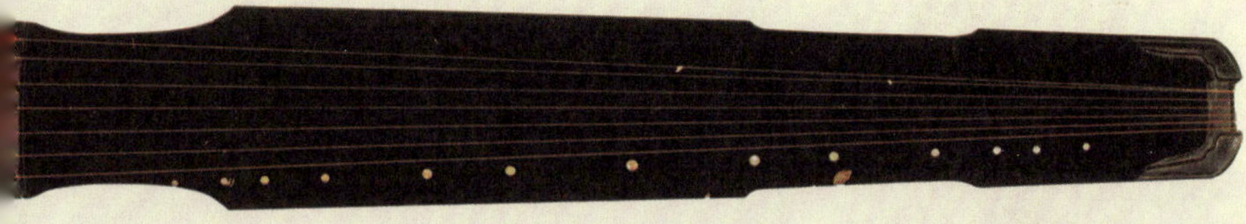

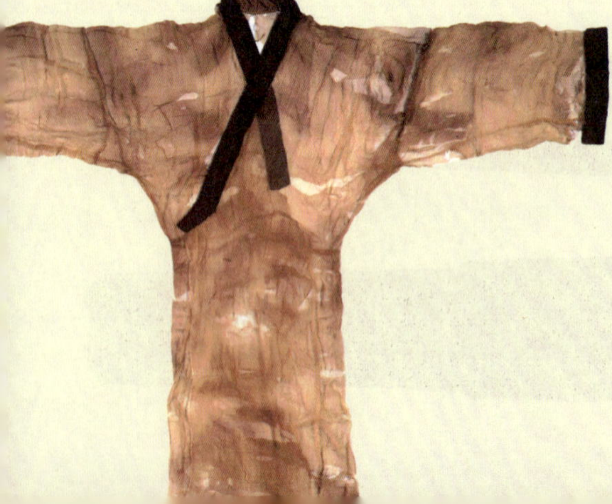

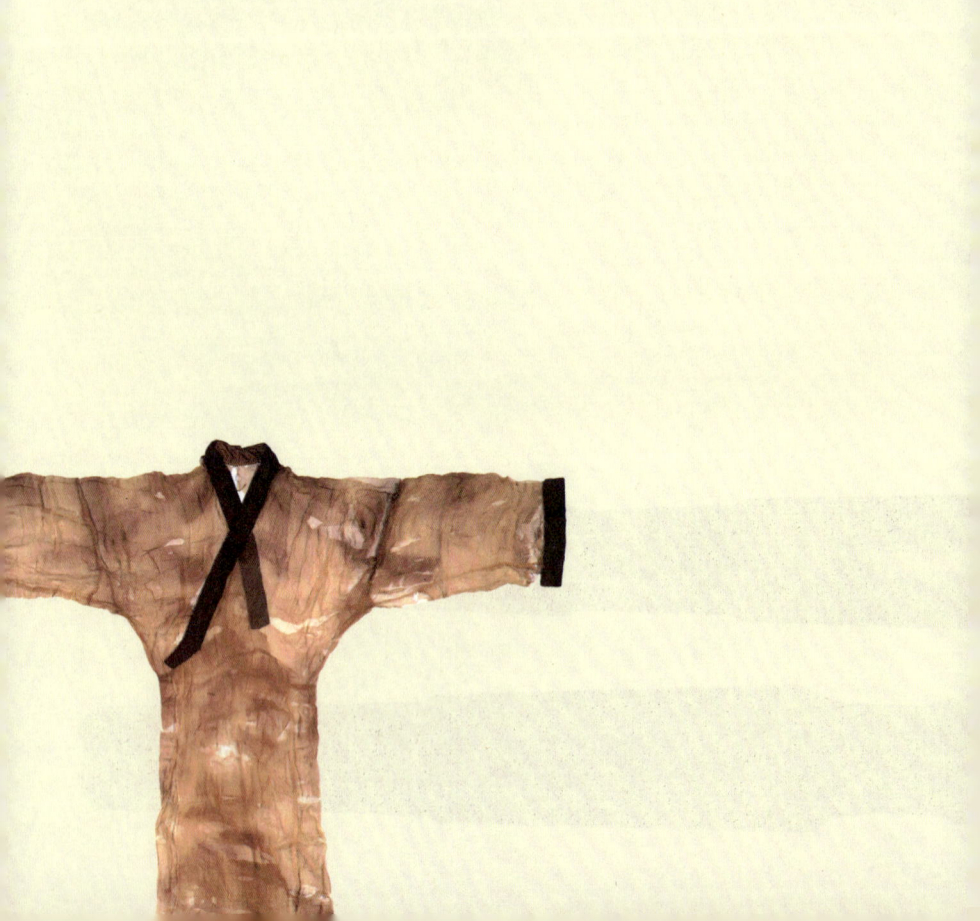

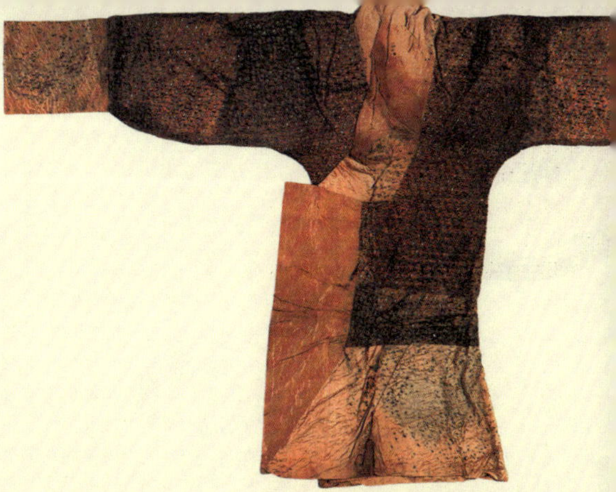

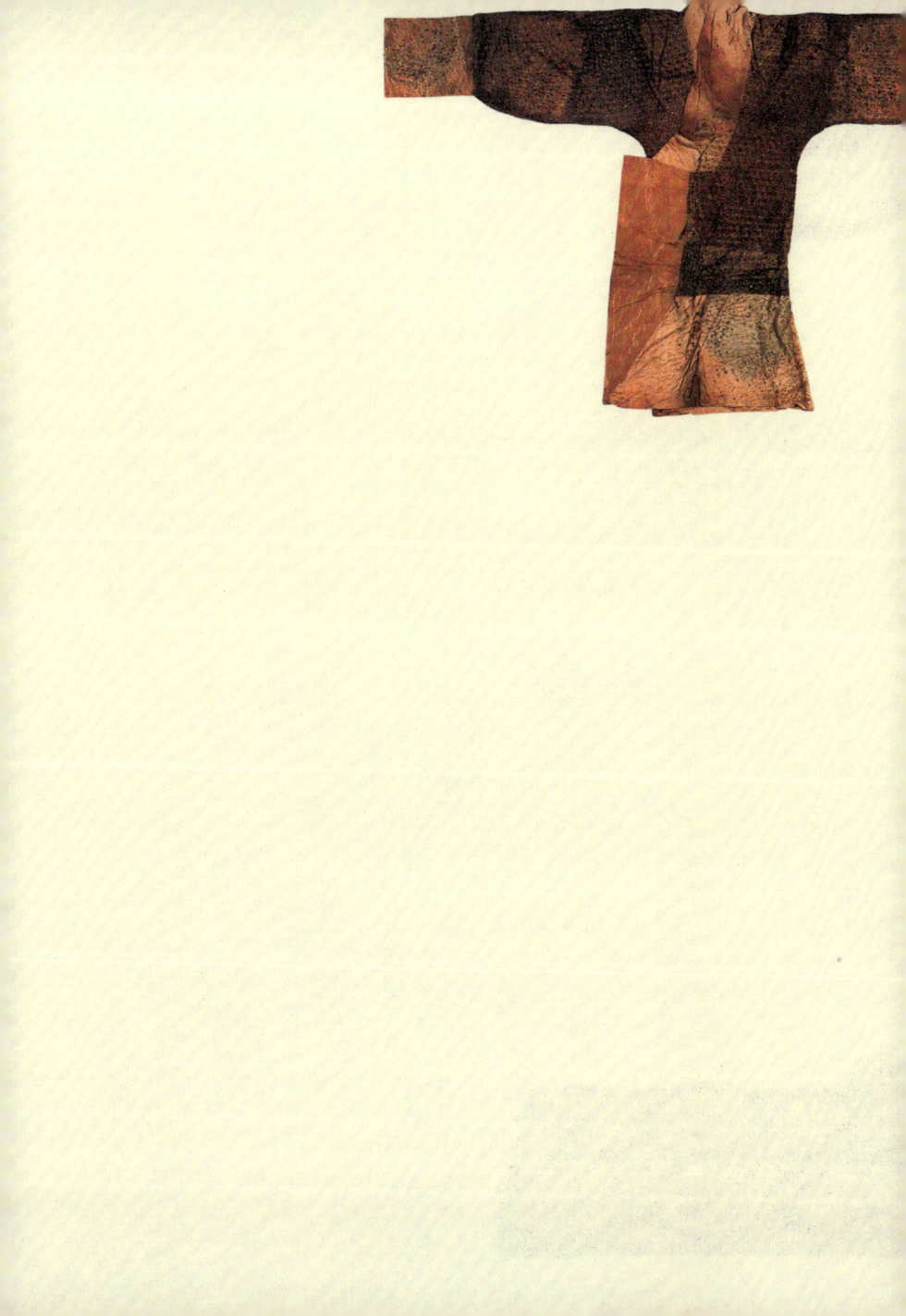

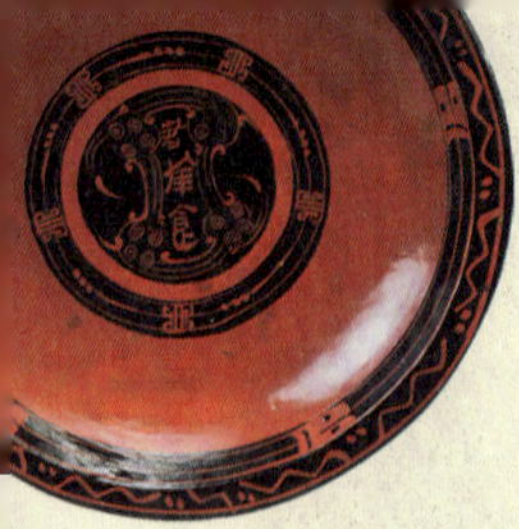

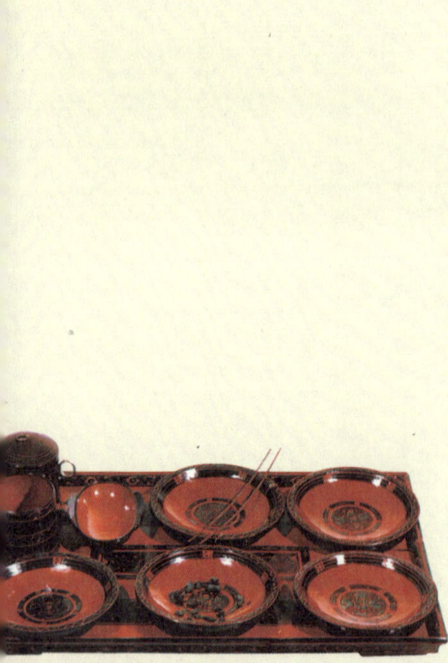

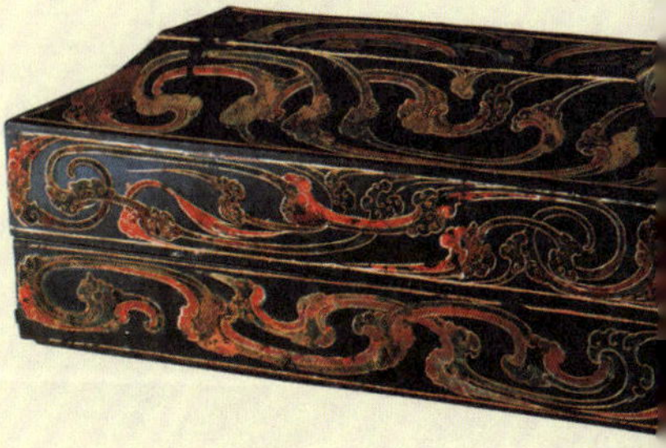

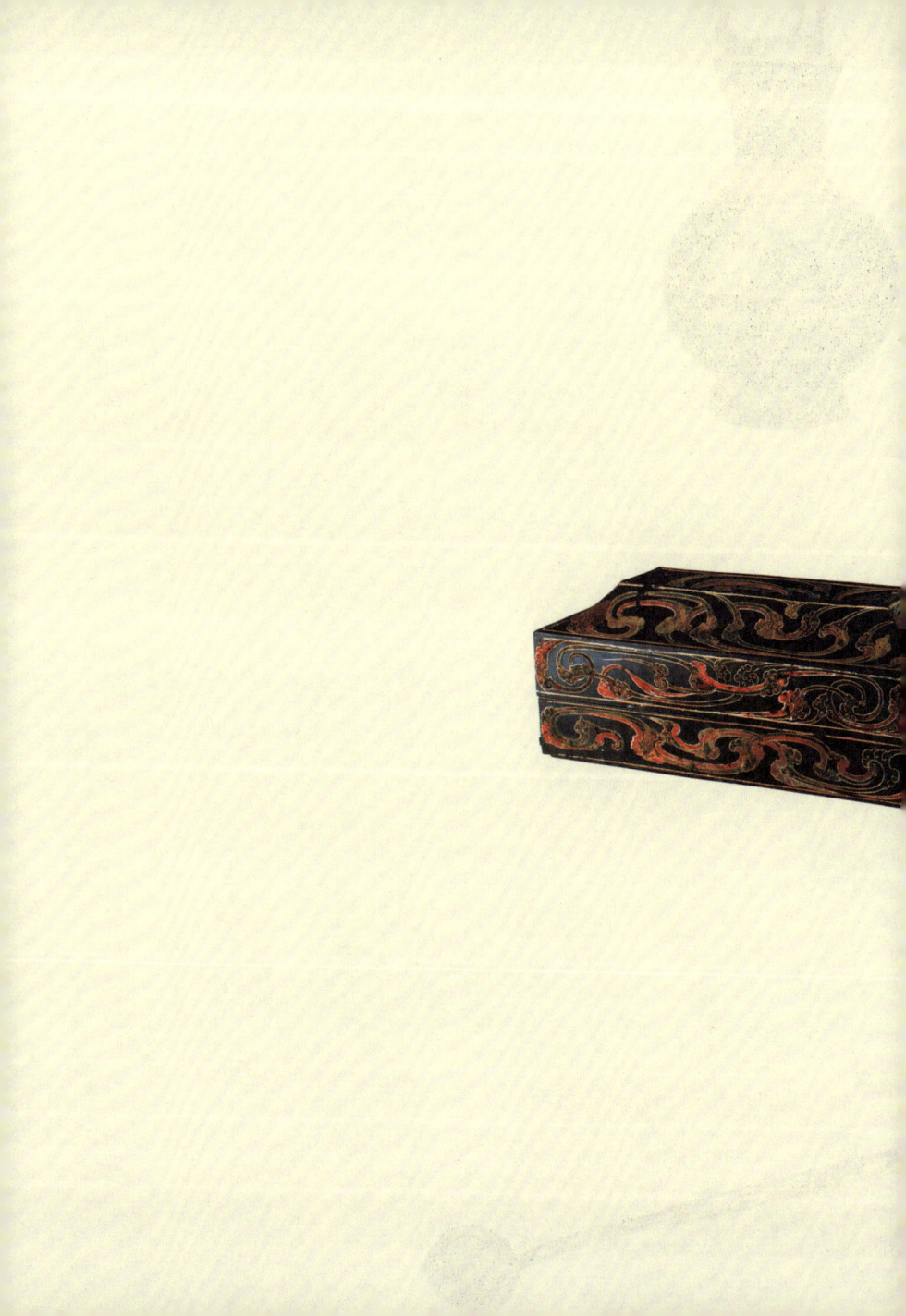

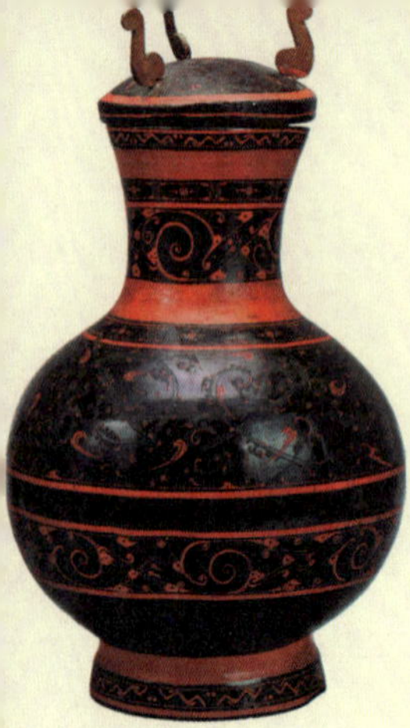

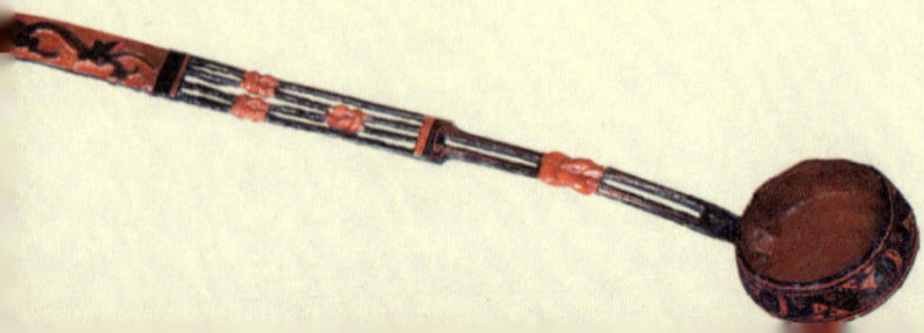

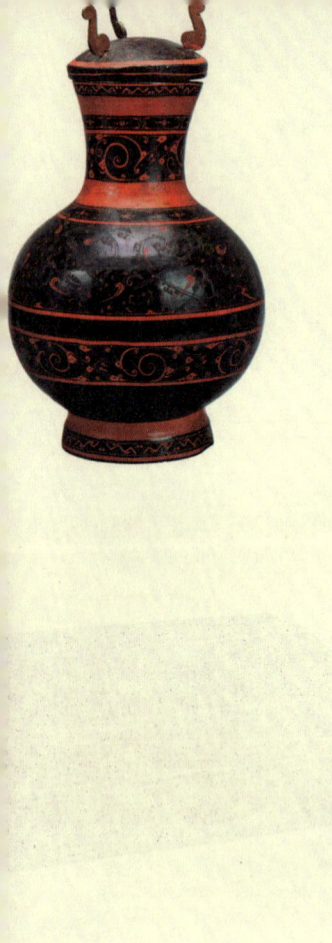

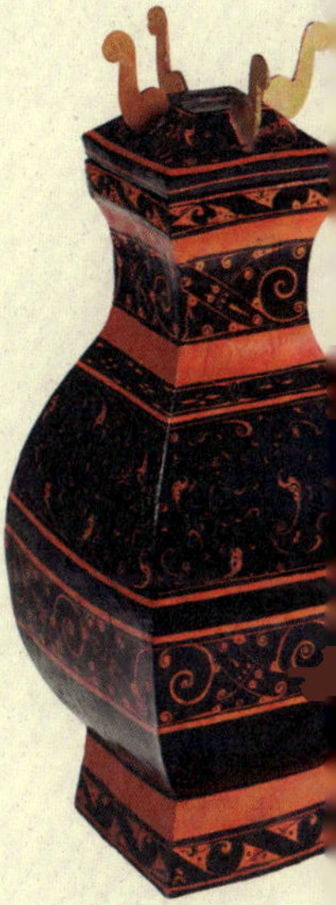

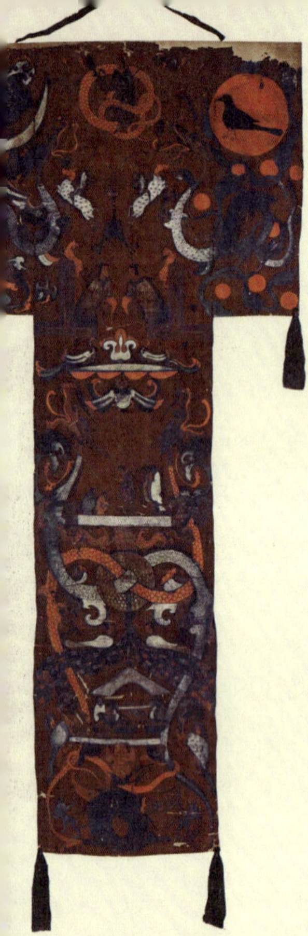

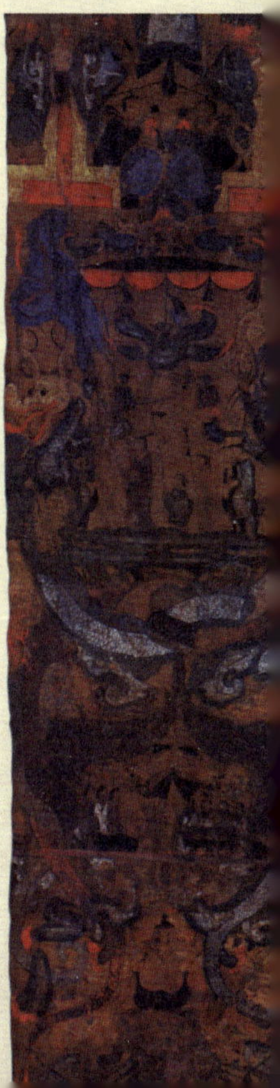

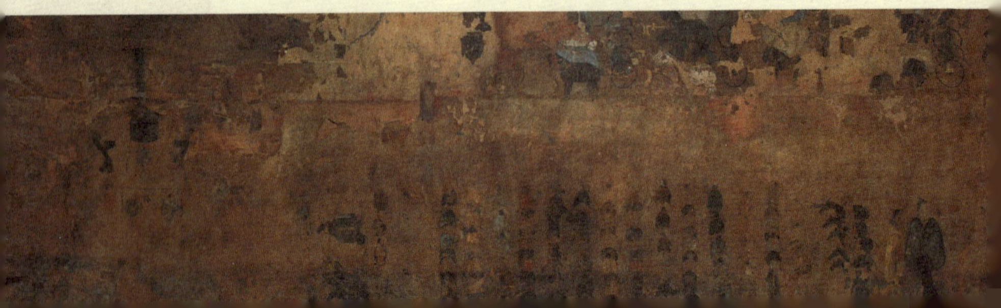

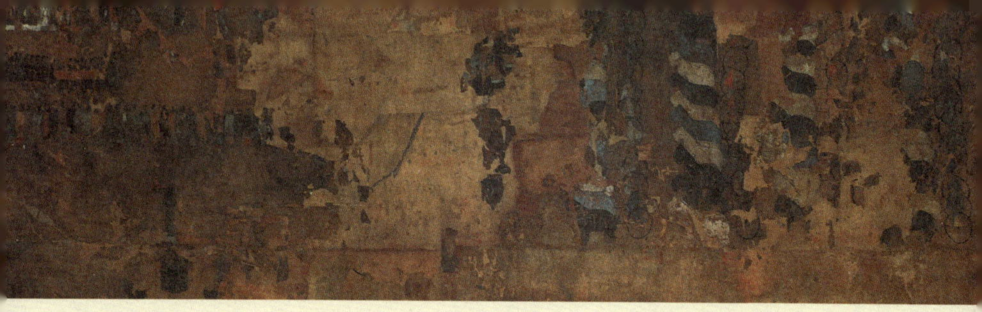

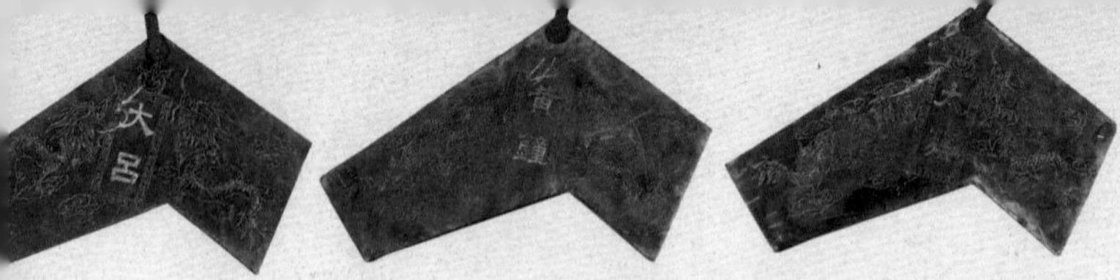

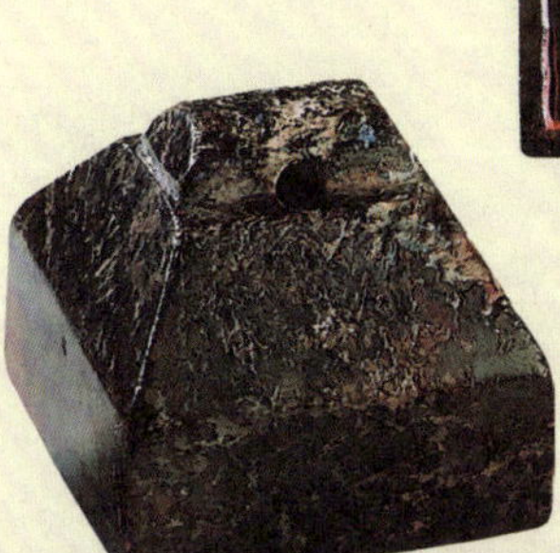

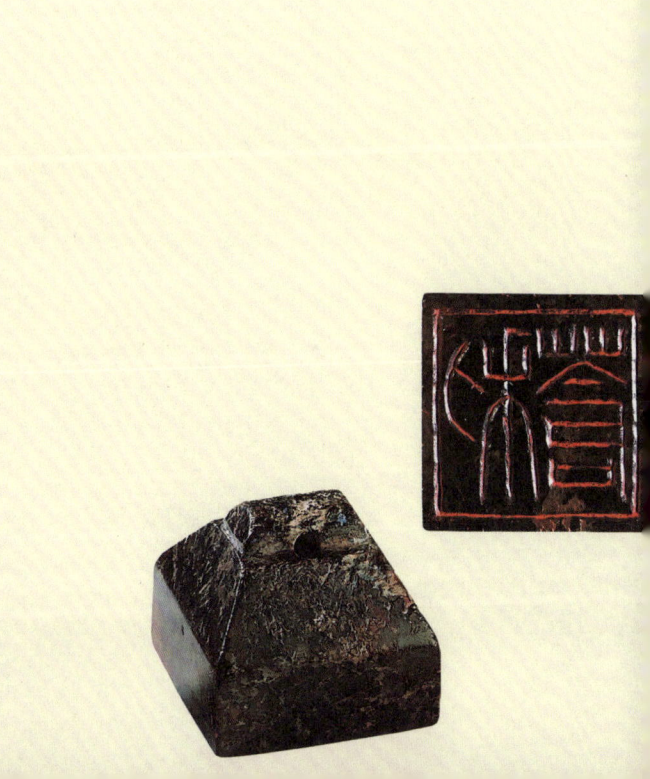

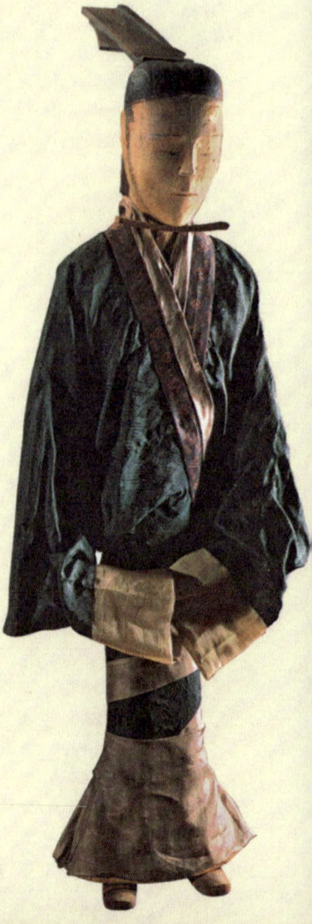